牵手优 Q

让生命更精彩

第一册

主编 陈后林

重庆出版集团 重庆出版社

U0660598

图书在版编目（CIP）数据

牵手优Q · 让生命更精彩. 第一册 ／ 陈后林主编.
— 重庆 ：重庆出版社，2016.8
ISBN 978-7-229-11519-7

Ⅰ．①牵… Ⅱ．①陈… Ⅲ．①生命哲学－中学－教材
Ⅳ．①G634.201

中国版本图书馆CIP数据核字(2016)第194317号

牵手优Q
让生命更精彩（第一册）

QIANSHOU YOU Q

RANG SHENGMING GENG JINGCAI (DIYICE)

陈后林 主编

责任编辑：邹 禾 唐弋淄
装帧设计：珠子酱 二 牛
责任校对：刘 艳

重庆出版集团
重庆出版社 出版

重庆市南岸区南滨路162号1幢 邮政编码：400061 http://www.cqph.com
重庆豪森印务有限责任公司 印刷
重庆出版集团图书发行有限责任公司 发行
E-mail:fxchu@cqph.com 邮购电话：023－61520646

开本：889mm×1194mm 1/16 印张：8.75 字数：195千
2016年8月第1版 2016年8月第1次印刷
ISBN 978-7-229-11519-7
定价：29.80元

如有印装问题，请向本集团图书发行有限公司调换：023-61520678

版权所有 侵权必究

编　　委：陈后林　胡坤华　贺启龙　戴德平　卿胜隆

　　　　　陈　瑾　龚向明　任　伟　路晓宁

主　　编：陈后林

副 主 编：龚向明　路晓宁　任　伟　周赐勇

编写人员：龚向明　路晓宁　任　伟　周赐勇　李清澈

　　　　　谢先礼　严　宏　贺伦凤　申娅萍　唐金秀

　　　　　郑小燕　杨　柳　李彦兵　黄中胜　沈　荦

　　　　　黄锡彬　范春霞

插　　图：尤超鸿

序

　　《牵手优Q·让生命更精彩》是一套适用于中学生生命教育的校本教材，也是一套帮助中学生认识生命，了解生命，创新生命的读本。这套读本是重庆市渝北区实验中学多年来积极实践探索开展生命教育的资源集萃，经验总结，成果结晶。我有幸在该读本付梓出版前，阅读了其中大部分内容，并在成书过程中，参加过编著者们的一些研讨。读本的主编陈后林校长希望我为该书作序，盛情难却，我便借此谈谈个人的学习体会。

　　在早期的教育学和心理学研究与实践当中，人们对智力、智能和智商给予了极高的重视。智商决定命运，智力决定成就是当时人们的普遍认识。随着学术的发展，时代的进步，人们逐渐地认识到智能的多元性，情商和其他非智力因素的重要性。随着对智商、情商和其他非智力因素的深入研究，以及教育培养实践探索，人们提出的"商"越来越多了。这套读本的编写，其目的就是想通过培养中学生德商、志商、情商、胆商、健商、心商、智商、财商、逆商、灵商等"十商"，在中学开展生命教育，把中学生核心素养的培养，把立德树人根本任务落在实处。

　　我以为，这套读本有三个显著的特点：

　　一是鲜明的立德树人性。党的十八大指出，立德树人是教育工作的根本任务。立德树人贯穿各个教育阶段和过程。中学阶段，青少年时期，是中学生世界观、人生观、价值观，理想信念形成的关键时期。中学生不仅仅会遇到各种学习困难和学习问题，不仅仅要学习考试升学所需要的各种知识和技能，他们还会遇到许多社会生活和个人情绪方面的问题，更需要了解和掌握与适应社会生活紧密相关的各种知识和能力。这套教材从10个方面对中学生的思想观念、行为习惯和情绪管理进行了正确的引领，体现了鲜明的立德树人意识，有很强的针对性和现实意义。

　　二是内容的丰富可读性。这套读本的编者围绕"十商"，从10个方面，广泛搜集筛选了古今中外具有教育意义和影响的大量典型素材，内容十分丰富，反映历史和时代进步，贴近学生生活实际，具有很强的知识性、教育性、文化性、趣味性和可读性，既适于教师引导学生课内学习，也适于学生主体自主阅读。

　　三是应用的启发操作性。这套书"以知识为线索，以活动为载体，以素养为本体"，将人文知识学习，学生主体活动，核心素养培养统筹整合为一体，按照"十商"的划分，从10个方面加以系统优化，对于帮助教师辅导学生，促进学生主动学习，传承优秀传统文化，践行社会主义核心价值观，激活思想，由此及彼，举一反三有很好的启发性。这套读本共有4册。每册读本有10个单元，单元前通过单元看点、知本聚焦、我行我塑进行单元目标导航定向。每个单元有两个核心问题，以问题为线索，通过情境呈现、魔镜检测、悦读学习、博士指导、开展活动、励志力行等环节，

引导学习者明确问题，学习反思，积极行动，培养优化"十商"，有很强的实际操作性。

这套读本，不仅可以作为中学开展生命教育，培养中学生核心素养的校本教材使用，也可以作为广大中学生课余校外丰富知识，拓宽视野，认识自我，解放思想，开阔胸襟的人文读本。

陈后林校长和这套读本的编著者们，身处中学教育、教学、管理的一线，为了学生身心健康地成长，为了学生全面和谐而富有个性地发展，在校本课程开发、建设和应用的实践当中，做了大量积极而富有成效的探索和努力，他们的精神、胆识、行动和成效实在令人敬佩！我由衷希望广大读者创造性地学好、用好这套读本，充分发挥这套读本立德树人、育人育心、培养学生核心素养的功能。同时，也真诚希望读本的编著者们，在该读本的使用、推广过程中，进一步丰富、优化读本内容和结构，使之更加完善。我愿意为你们的创举和成果鼓与呼！

是为序！

重庆市教育科学研究院副院长　王纬虹

2016 年 7 月于重庆市渝中区状元府

编者的话

教育必须尊重生命价值，教育旨在涵养生命能量。重庆市渝北实验中学致力于探索以"生命教育"为核心理念的素质教育道路，把涵养学生在德商、志商、情商、胆商、健商、心商、智商、财商、逆商、灵商等十个方面的生命素养作为自己的价值追求。为此，学校在渝北区教育科学研究所、重庆市教育科学研究院和北京师范大学等有关专家的引领下开发了《牵手优Q·让生命更精彩》系列校本教材。

《牵手优Q·让生命更精彩》是我校对学生进行"生命教育"的专题课程，旨在提升学生生命素养，涵养其生命能量。我们将从体贴与尊重、诚实与忠心、友爱与宽容、尽职与尽责、礼貌与幽默等维度来提高学生的德商水平，涵养其德行能量；从坚韧性、目的性、果断性、自制力等维度来提高学生的志商水平，涵养其意志能量；从自我意识、自我情绪控制、自我激励、认知他人情绪和处理人际关系等维度来提高学生的情商水平，涵养其社交能量；从敢于面对逆境、敢于面对压力、敢于面对变化、敢于面对竞争、敢于承担责任、敢于放弃、敢于冒险等维度来提高学生的胆商水平，涵养其勇气能量；从健康意识、健康知识、健康能力等维度来提高学生的健商水平，涵养其体质能量；从接纳自我、永不抱怨、学会感恩、学会原谅和永远进取等维度提高学生的心商水平，涵养其心理能量；从正确面对挫折、有效应对困境、有效超越困境的维度提高学生的逆商水平，涵养其抗挫能量；从有效培养学生的阅读力、思维力、记忆力、观察力、注意力、想象力等维度提高学生的智商水平，涵养其学识能量；从金钱观、消费观、价值观、开办公司和有效赚钱理财等维度提高学生的财商水平，涵养其财富能量；从对事物本质的灵感、顿悟能力和直觉思维能力等维度提升学生的灵商水平，涵养其创新能量。

教材的编写，我们明确提出了"以知识为线索，以活动为载体，以素养为本体"的编写思路，努力遵循知识性与趣味性、预设性与生成性、渐进性与系统性、古为今用与洋为中用相结合的原则，设计了"Q情境、Q魔镜、Q悦读、Q博士、Q出发和优Q加油站"等板块，力求通过各种形式的"活动留痕"，将理论知识转化为生命素养。

教材的发行，是集体智慧的结晶，凝聚着广大师生和有关专家的心血。这里要特别鸣谢：北京师范大学校长培训学院院长陈锁明先生，重庆市教育科学研究院副院长王纬虹先生，重庆出版社副编审、重庆作家协会会员梁子高先生，渝北区教育科学研究所所长余国源先生，重庆名师、德育教育专家汪红女士的关心与支持！

当然，由于此项工作属于开创性的工作，我们在教材架构、课文体例、概念界定、主题凸现、语言表述、活动设计等方面都还可能存在诸多问题，我们一定会在使用的过程中去发现问题、解决问题，并逐步地加以丰富和完善！同时，也敬请各位读者、同行与专家不吝赐教，以共同开发和使用好这本教材，以最大限度地发挥好其特殊的育人功能。

陈后林

二〇一六年七月

目 录

第1单元
牵手德商

单元看点

>> "不要妨碍别人"，这个要求不算高吧，可是我们做到了吗？乱丢乱扔，习以为常，这会不会对别人造成伤害？

>> 如何区分好的批评与坏的批评？当别人把你骂个"狗血喷头"时，你该怎么办呢？

知本聚焦

>> 德商（Moral Intelligence Quotient， MQ）是指一个人的德行水平。

>> 本单元将学习德商的两个原则：不造成伤害，让事情变得更好。

我行我塑

>> 发现身边潜在的伤害，拟定一份公共场所行为守则。

>> 当你被老师的批评误伤以后，不妨试一试"非常接近行动"。

不要妨碍别人

—— 德商·不造成伤害

在公共环境里，良好的行为习惯不仅是一个国家或城市文明的标志，也是营造和谐安全的生活空间的需要。

——远方

▶ MQ情境

轻轨站明明写着"先下后上"的提示语，很多站台甚至在闸门的地面画出了上车乘客该站的位置。可是，当轻轨闸门打开的时候，上车的人还是不顾有人下车迎面一拥而上。

公共汽车规定"前门上车，后面下车"以避免上下乘客发生冲撞。可是，在乘车高峰时间，还是常有人从前门下车，堵得谁也上不去，谁都下不来。

在旅游景点，游客即使排队也常常是并列站着几个人，为了防止有人插队，前后都挨得紧紧的，让人十分难受。

……

同学们，你还见过哪些类似的情况？大家想过没有，我们身边为什么会出现这样的不良现象？

下面列举的中小学生常见的容易造成伤害的不良习惯，你也有吗？

一、在交往中容易伤害别人的不良习惯

■ 歧视他人

■ 打探别人的隐私

■ 在背后讲别人的坏话

■ 看不起或嘲笑朋友的缺点

■ 唯我独尊，不看他人的长处

■ 对朋友产生过分的依赖性，与朋友交往缺乏独立性和自主性

■ 不善于倾听，只想诉说自己的心事，忽略朋友的感受

■ 不善于控制情绪

■ 做错事情没有勇气道歉

■ 待人不够豁达，不能原谅别人

■ 讲话没有礼貌

■ 不注意礼仪礼节

■ ……

二、生活中伤害自己的不良习惯

■ 熬夜

■ 不吃早餐

■ 不爱锻炼

■ 吸烟

■ 饮酒

■ 网络成瘾

■ 不当减肥

■ 暴力行为

■ 偷窃

■ 不服管教

■ 逃学

■ 离家出走

■ ……

文明是双赢的智慧

在公共场合不妨碍他人原则，是国际社会公认的现代人际交往三大法则之一（另两个是女士优先、守时惜时）。

一些学生没有礼貌，没有规矩，归根结底，就是违背了不妨碍他人原则。进出老师的办公室，有学生旁若无人，大声喧哗；在教学楼的过道里，或是上下楼梯，有学生肆无忌惮，横冲直撞；更有甚者，还有学生当着女生或女教师的面说粗话说脏话……

我们再把目光移向社会，也有只顾自己而妨碍他人的现象。广场上，跳舞的大妈大婶把音响开得震天响；公交车上，随时可见有人大声接打手机；在公共场合，光着上身的男子趿着拖鞋目中无人地走来走去……

这些不文明的现象，也表现在出境（出国）旅游中，严重损害了中华民族"礼仪之邦"的形象。有人总结出我国公民出境（出国）旅游九大不文明行为：一是随处抛丢垃圾、废弃物，随地吐痰、擤鼻涕、吐口香糖，上厕所不冲水，不讲卫生留脏迹；二是无视禁烟标志，想吸就吸，污染公共空间，危害他人健康；三是乘坐公共交通工具时争抢拥挤，购物、参观时插队加塞，排队等候时跨越黄线；四是在车船、飞机、餐厅、宾馆、景点等公共场所高声接打电话、呼朋唤友、猜拳行令、扎堆吵闹；五是在教堂、寺庙等宗教场所嬉戏、玩笑，不尊重当地居民风俗；六是大庭广众之下脱去鞋袜、赤膊袒胸，把裤腿卷到膝盖以上、跷"二郎腿"，酒足饭饱后毫不掩饰地剔牙，卧室以外穿睡衣或衣冠不整，有碍观瞻；七是说话脏字连篇，举止粗鲁专横，遇到纠纷或不顺心的事大发脾气，恶语相向，缺乏基本社交修养；八是在不打折扣的店铺讨价还价，强行拉外国人拍照、合影；九是不消费却长时间占据消费区域，吃自助餐时多拿浪费，离开宾馆饭店时带走非赠品，享受服务后不付小费，贪小便宜。

这些看似微不足道的细节，其实最能反映出一个人的素质和一个社会的文明程度。

孔健教授在日本有过这样一次经历。盂兰盆节假期的最后一天，他驾车云伊豆半岛游览。由于这是长假的最后一天，返城的车流形成了空前的高潮，从伊豆半岛西部通往东京方向100多公里长的公路上几乎全线塞车。100多公里的路，他从下午四五点钟一直走到深夜12点左右。然而，就在这全线堵车的100多公里的路上，居然没有出现一个维持秩序的交通警察，也没有看到一辆车从空荡荡的下行车道向前超行，甚至没有人鸣笛催促前面的车辆。

100多公里长的公路大规模塞车，七八个小时的持久等待，日本人为什么能够做到不急不躁、万众一心、秩序井然？我想，这巨大的耐心，这高度的秩序感，体现的不仅是文明的底线，也是一种群体的智慧。因为插队不仅损害了他人的权利，实际也妨碍了自己。试想，如果有一辆车从下行车道向前超行，必然会影响对面来车的通行，导致上行下行的车道都被堵死，这不仅是不文明的行为，也是一种"双损"的愚蠢的行为。

同学，请你向大家分享一个故事，说明妨碍他人是一种"双损"的愚蠢的行为。

《文明是双赢的智慧》一文中列举了哪些对别人造成伤害的表现？

▶ MQ博士

德商的第一大原则是不造成伤害，课文题目"不要妨碍别人"实质上也是这个意思。所谓"妨碍"就是阻碍，使事情不顺利，其后果将有损他人。

下面分几个问题来讨论这个德商原则。

一、从"让"字说起

在小篆中，"让"字由"言"和"襄"两部分组成。"言"表示许诺，"襄"表示帮助他人。可见，"让"的本义是许诺退位，协助对方获得。古人把"让"看得很神圣，叫"礼让"。这虽是避免伤害且让事情变得更好的古代智慧，但在今天仍然具有重要的现实意义。

二、注意潜在的伤害

直接而明显的伤害，大家都容易意识到，人们最容易忽视的是潜在的伤害。

你可能还记得，小时候常玩的游戏"传电讯"：某人对你轻声说出一个句子，然后你又用耳语告诉另一个人，这个人再告诉下一个人。这个句子传递多人之后，你会发现它与原话的含义大相径庭。这是不是很好笑？可是这背后蕴含了一个关于潜在伤害的原理。比如，今天的互联网的力量，就可能把一条断章取义的所谓"消息"变成伤害他人、甚至伤害自己的一杯苦酒。

潜在的伤害无处不在。乱丢乱扔，也许在你只是一种方便，一种习惯，但是，它不仅仅破坏了环境美，它还可能导致别人滑倒甚至摔跟斗。这就是潜在的伤害行为。

三、如何避免伤害

被动的一面，是不做妨碍他人或伤害他人的事情。不在公共场合吸烟，不随地吐痰，不散播谣

5

言，不在背后说别人的坏话，等等。

主动的一面，一是预防伤害，即采取积极的措施避免潜在的伤害，如保持走廊干净。二是最大限度地降低不可能避免的伤害。有些伤害是不能避免的，比如批评别人。面对这种情况，你应该选择最佳的方式，使伤害程度降到最低。

▶ MQ出发

活动一：评议一份守则

有这样的一所学校，学生在走廊里必须规规矩矩，常常看到老师很严厉地告诫学生："不许说话！不许跑!"只有在规定的午休时间，在学校的操场，学生才可以随意跑跳。

每年开学，学生和家长都会得到一份学生守则。其中，有关公共场所的行为习惯有这样几条要求：

一、在教学楼里

1.孩子们在楼内的任何地方都要步行。

2.孩子们在走廊里说话只能在适当的时间里用耳语的声音。

3.孩子们任何时候都要听从老师和学校工作人员的指挥。

4.拾起地上的碎纸扔到垃圾箱内。

二、在学校食堂

1.安静地进入食堂，排队领取午餐。

2.用两只手拿托盘。

3.使用正确的餐桌礼仪。

4.用耳语的声音与你的邻座交谈。

5.安静地离开食堂。

三、在校车上

1.有秩序上下车，上车后及时系好安全带或抓紧扶手；下车后不往车头方向走。

2.车辆行驶途中不从座位上站起，不把身体任何部位伸出车窗外，车未停稳不上下车。

3.在车上不打闹，不嬉戏玩耍和写作业。

4.不在车上吃东西，不在候车点及车上乱扔垃圾或把垃圾往车窗外扔。

5.爱护车上的公物和设施设备。

请同学们拿这些"守则"逐条与自己的言行进行对照，然后谈谈自己的意见。

活动二：发现身边潜在的伤害

进入初中已经有一段时间了，请同学们以小组为单位做一个小调查，看看身边有哪些行为习惯存在潜在的伤害。

活动三：拟订我校公共场所行为守则

请你从我校的实际出发，拟定一份公共场所行为守则。你可以把拟好的守则直接交给校长，也可以交给德育服务中心的老师们。

▶ 优MQ加油站

诵读

一只鸽子

◎昌耀

一只鸽子惦记着另一只鸽子。

旷野有一只鸽子如一本受伤的书，

洁白的羽毛洁如书页从此被风翻阅，

洁如一炉纯净的火。

而她安详的双眼已为阴翳完全蒙蔽。

太阳黯淡了。有一只鸽子还在惦记着

另一只鸽子。在不醒的梦里

旷野有一只鸽子惦记着另一只小白鸽。

理智应对批评

—— 德商·让事情变得更好

> 闻过怒，闻誉乐，损友来，益友却。闻过欣，闻誉恐，德日进，过日少。
>
> （《弟子规》）

▶ MQ情境

今天是星期六，提前上下周一的课，因为下周放国庆长假。

第一节课是数学课，数学老师是本学期新换的牛老师。牛老师健步走上讲台，台下鸦雀无声。过了一会儿，居然没人呼起立。牛老师厉声提醒："该谁呼起立?!"连续提醒三次，仍然无人响应。同学们的目光齐刷刷地投向了本周呼起立的值周生小强。

小强涨红了脸，一动不动。他想，今天应该是下周的值周生呼起立。下周的值周生，正是和小强水火不容的同桌开邻，小强怎么肯替死对头开邻呼起立呢！

正这样想着，小强头上忽然炸响了一声霹雳："滚出去！"这是牛老师怒不可遏的呵斥声。小强是班上的学习委员，从没有受过这样的批评，他忍不住默默地落下了眼泪。小强刚走出教室门口，

头上又飞过了一团黑色的东西——那是他沉重的书包……

同学们，小强今天的表现，该不该受到老师的批评？面对牛老师粗暴的批评，小强应该怎么办？

▶ MQ魔镜

面对批评，常见下面四种情况：

第一种情况，有的学生被批评了，表现为任性地哭闹，似乎受了天大的委屈。

第二种情况，有的学生被批评后，表现为情绪不振，心神恍惚，失去了学习做事的积极性。

第三种情况，有的学生受到批评，心里会想，学生也是人，师生平等，于是当场和老师理论。

第四种情况，有的学生受到批评，口里什么也不说，但从此以后，不再学习老师所教的课程，不愿听从老师的教导，故意和老师对着干。

同学，你有过类似的情况吗？你怎么看待这几种对批评的反应？

▶ MQ悦读

应对批评的12条经验

1.宽容

一位智者，一定会采取宽容的态度应对批评。也许别人并无恶意，但是如果他们一时失去理智，可能就会说出伤害我们的话来。这时问问自己："在这样的情况下，如果我理解、原谅对方，是不是一个很好的选择？"

2.三思而行

我有时候在受到别人批评的时候，迫不及待地就会给对方发一封电子邮件，为自己辩解。但是这些感情用事的电子邮件并不能给我们带来预期的效果，只会火上浇油。其实这时我们要做的是缓一缓行动，让自己先冷静下来。

3.争赢了又能如何

如果你发现和对方争论是为了证明自己是正确的，那么就先问问自己："证明自己正确这很重要吗?"如果是,那么再问问自己:"我想从争论中获得什么?"当你发现争论没有什么太大意义时,也就释怀了。

4. 不必反唇相讥

很多时候,当一个人向你说了负面的话语,或是对你的态度不友好时,他们是故意想得到你的回应。如果你回应了,那就正中对方下怀。

5. 不要推波助澜

我们越多地说自己是如何不喜欢一个人,就会越多地发现他让自己不喜欢的地方。所以不要再推波助澜,这样才能不使矛盾扩大。

6. 为他人着想

当我们遭受批评时,应该站在对方的角度想一想:自己说过的话是否确实伤害了他人的感受?对他人的理解可以给你带来一个全新的视角,从而让你恢复理智,也许还可以让自己对对方生出同情心。

7. 学到经验

没有什么事情是完全不好的,只要你能从中学到帮助我们走向成熟、成为一个更优秀的人的经验。无论对你的批评是如何刻骨铭心,总会有一个宝贵的经验隐藏在里面,你要学会发现它。

8. 最坏的结果是什么

问自己两个问题:"如果我不回敬对方,最坏的结果会是怎样?""如果我回敬了对方,最坏的结果会是怎样?"回答这两个问题能帮我们更清楚地看清情况,这时你就会明白,回敬不如克制,你回敬对方其实对双方都没什么好处,你会浪费自己的时间和精力,而且会心绪难平。

9. 不要在火头上说话

在我们受自己的情绪左右的时候,我们有一种急于想和对方争论的冲动,但是在这种心态下的争论是很少有理性存在的,也很少能争出个结果来。如果确实需要和对方讨论一下,那就等双方都把气消一消再说。

10. 列出最重要的事情

把你认为生活中对你最重要的事情都列出来,然后问问自己:"一次争论对于我生活中最重要的事情会有益处吗?"我想你的答案会是否定的。

11. 好言以对

这不总是有用,但有时在对方想把你骂个"狗血喷头"时确实有以柔克刚之力。你可以诚心诚意地赞美一下对方做得很好的事情,如果你愿意的话,还可以提出和对方交个朋友。记住一定要真诚,只要你用心,一定能从对方身上发现一些闪光的东西。

12. 无害地抒发情绪

你可以拿出一张纸,把所有的负面思维全部倾诉在纸上,想到哪儿写到哪儿,不要修改。一直这样写下去,直到你再没有想说的话了为止。现在,把你写好的这张纸揉成一团,闭上眼睛,想象着你已经把所有和你捣乱的负能量融进了这个纸团里。然后把它扔进垃圾堆,让它去吧!

▶ MQ博士

有德商地应对批评，涉及德商的第二大原则：让事情变得更好。

一、让事情变得更好

中国最受欢迎的实战型管理培训专家余世维曾讲过自己的一个习惯：每次离开酒店时，他都会把床铺整理一下，把摊在桌面上的东西整理好，尽量把房间恢复成他进来时的样子。这样，进来清扫房间的阿姨会对住过的客人刮目相看。也许自己永远不会和阿姨见面，阿姨也不会知道自己是谁，但这种把事情做得更好，让人觉得更舒服一些的习惯，就是一种有德商的表现。

当我们立志做一个对社会有用的人的时候，当我们专心听讲、认真完成作业的时候。当我们主动参与班级或学校管理、积极为同学服务的时候……我们都在践行把事情做得更好的德商原则。

把事情做得更好，不仅仅是对待别人的原则，也是对待自己的原则。有德商地对待自己，就是要确保自己的身体、思想和精神状态都得到滋养，处于富足状态。把自己打理好，不仅因为你应该自尊自爱，还因为你需要用最佳状态来服务他人。

应对他人的批评，也需要坚持把事情做得更好的德商原则。

二、不能没有批评

《中华人民共和国义务教育法》第27条规定："对违反学校管理制度的学生 学校应当予以批评教育"。教育部颁发的《中小学班主任工作规定》也明确要求："班主任在日常教育教学管理中，有采取适当方式对学生进行批评教育的权利"。

好的批评，旨在使人迷途知返，启发、激励并帮助人做到最好：

■ 帮助有问题的学生步入正轨。

■ 让有问题的学生为自己所做或将做的错误的事情感到自责。

■ 鼓励或激励有问题的学生把事情做得更好。

三、有德商地应对批评

首先必须明白，有德商地应对批评是很困难的。坏的批评很难接受 这容易理解。好的批评也很难以接受吗？的确。因为，一个人最困难的事情，是正确地认识自己。好的批评，是帮助人面对真实的自我，这对于自尊心过强的人来说，是挑战他们的自我认知。尽管每个人都有缺点，但是人们还是很难接受这样一个事实："我的确是一个有缺点的人。"

下面，对如何应对批评提几点建议。

1.有德商地应对好的批评

■ 谦和有礼地面对批评。无论如何，他人的批评为我们提供了一个认识自己的全新角度。

■ 认识到你可能不正确。通过别人的批评，看到被自己忽视的一个或多个事实，重视那些被自己忽略了但的确十分重要的规则或原则。

2.有德商地应对坏的批评

■ 抑制住打断批评的冲动。如果你受到人身攻击，试图打断批评常常会火上浇油。

■ 尝试恰当地为自己辩护，但不可陷入无休止的回击。

■ 不要用批评者的错误来惩罚自己。对你进行人身攻击的人，是他自己的素质有缺陷。对你来说，明智的做法是无视他。

■ 把毒药练成解药。你可以把坏的批评作为研讨的对象，这样既可以减轻自己的痛苦，又可以从别人的愚蠢做法中汲取教训。

3.心存感激

■ 对那些建设性的批评真诚地说声"谢谢"，它们是最难得的成长礼物。

■ 对那些不太理智的批评真诚地说声"谢谢"，它们锻炼了你抑制冲动的意志力。

总之，面对批评，我们要努力发现别人最好的一面，也要努力挖掘自己最好的一面。

▶ MQ出发

活动一：非常接近行动

金无足赤，人无完人。不能要求每个人的批评都是好的批评，因为我们自己也做不到。因此，我们每个同学也很可能被老师的批评误伤。当被老师的批评误伤以后，切忌意志消沉，或是远避老师、甚至对抗老师，最好的做法是积极地靠近老师。同学，你不妨试一试下面几招"非常接近行动"：

★教师节来了，送给老师一句温馨的话语。

★课堂上积极发言，下课后主动去向老师请教。

★利用班级开联欢会的机会，去邀请老师来参加。

★对班级建设，积极向老师提出建议。

★把自己的烦恼告诉老师，寻求他的支持。

你一定挨过批评——来自家长的、老师的、朋友的批评，你也一定曾经有德商地面对过批评。请你把这些往事和同学们聊一聊，相互分享面对批评的经验。

▶ 优MQ加油站

诵读

暴风雨
——大自然的启示
◎弗拉里斯

闷热的夜，令人窒息，我辗转不寐。窗外，一道道闪电划破漆黑的夜幕，沉闷的雷声如同大炮轰鸣，使人悸（jì）恐。

一道闪光，一声清脆的霹雳，接着便下起了瓢泼大雨，宛如天神听到信号，撕开天幕，把天河之水倾注到人间。

狂风咆哮着，猛地把门打开，摔在墙下，烟囱发出呜呜的声响，犹如在黑夜中抽泣。大雨猛烈地敲打着屋顶，冲击着玻璃，奏出激动人心的乐章。

一小股雨水从天窗悄悄地爬进来，缓缓地蠕动着，在天花板上留下弯弯曲曲的足迹。不一会，铿锵的乐曲变成节奏单一的旋律，那优柔、甜蜜的催眠曲，抚慰着沉睡人儿的疲惫躯体。

从窗外躲进来的第一束光线，报道了人间的黎明，碧空中飘浮着朵朵白云，在和煦的微风中翩然起舞，把蔚蓝色的天空擦拭得更加明亮。

鸟儿唱着欢乐的歌，迎接着喷薄欲出的朝阳；被暴风雨压弯了腰的花草儿伸着懒腰，宛如刚从睡梦中苏醒；偎依在花瓣、绿叶上的水珠，金光闪闪，如同珍珠闪烁着光华。

常年积雪的阿尔卑斯山迎着朝霞，披上玫瑰色的丽装；远处林舍闪闪发亮，犹如姑娘送出的秋波，使人心潮激荡。

江山似锦，风景如画，艳丽的玫瑰花散发出阵阵芳香。

绮丽华美的春色啊，你是多么美好！

昨晚，狂暴的大自然似乎要把整个人间毁灭，而它带来的却是更加绚丽的早晨。

有时，人们受到种种局限，只看到事物的一个方面，而忽略了大自然整体那无与伦比的和谐的美。

第2单元
牵手志商

单元看点

>> 参与"棉花糖实验"的60多个4岁的小朋友，40年后怎么样了？

>> 优秀员工陈嘉奇在获得巨大成功后却逐渐垮了，他是被什么拖垮的？

知本聚焦

>> 志商（Will Intelligence Quotient，WQ）是衡量一个人意志力强弱的商数，又叫"意志商"。意志力是成功之母，它包含"我要做"、"我不要"和"我想要"三种力量。

>> 你的意志力就是你的"活力存款"，会越用越少喔。当然，你可以通过吃好三餐、不熬夜、爱锻炼等方式不断补充能量，恢复你的意志力储备。

我行我塑

>> 再说一遍"我管不住自己"，你会重新评价自己。

>> 给自己设计一份"意志力菜单"、一份给力的"课间表"，助你每天活力四射。

管住自己才是强者

——志商·认识意志力

> 知人者智，自知者明。胜人者有力，自胜者强。
>
> ——老子

▶ WQ 情境

我是一名七年级学生，总是管不住自己。我明知上课讲小话不对，可总要和周围同学说上几句；后面同学发出一点点声音，我也要回头去看一看；有时候，我甚至产生了上课看小说的念头……为此，我的学习成绩不断下降。老师批评我很多次了，说我一点自控力也没有。其实，我自己也很烦恼。究竟怎样才能管住自己，做到上课专心听讲呢？

议一议：上面是青青同学的来信，信中提到的"自控力"又叫"意志力"，指一个人控制自己的能力。和青青相比，在意志力方面，你的情况会更好一点，还是更糟一点？

同学们，想知道自己的自控力如何吗？让我们先来做一个小测试吧。

1.期末快到了，同学们都在紧张地复习，这时电视台正在播出你喜欢的电视剧，你会（   ）

A.对电视剧忍痛割爱

B.看完电视再复习

C.放弃学习，看电视

2.在寒冷的冬天，你（   ）

A.每天都能按时起床

B.偶尔睡一睡懒觉

C.经常留恋温暖的被窝

3.自习课上，同学们都在随心所欲地聊天、看小说，你（   ）

A.一心学习

B.一边看书，一边和同桌聊天

C.随心所欲地玩

4.正做作业时，朋友们喊你去玩，你（   ）

A.委婉地拒绝

B.匆匆忙忙赶完作业，再去玩

C.立即丢下作业，飞奔而去

5.当你心情烦躁，什么事也懒得做的时候，你（   ）

A.也能坚持当日事当日毕

B.勉勉强强应付

C.把今天的任务推到明天

6.晚上，你做作业，有人在打扑克、玩游戏，你（   ）

A.专心致志地学习

B.心猿意马地做作业

C.不做作业，跑出去玩或看他们玩

7.老师在上课，但你还有一本小说没看完，你（   ）

A.聚精会神地听课

B.一边听课一边看小说

C.聚精会神地看小说

8.你通常（   ）

A.不管老师在不在，都认真学习

B.只有老师守着，才学习

C.老师盯着，也只装样子，不认真学习

9.上课时你的同桌热情地想和你聊天，你（　　　）

A.不理他

B.漫不经心地应付他

C.和他聊天

10.当学习和娱乐发生冲突时，你（　　　）

A.马上决定去学习

B.先娱乐，再学习

C.尽情娱乐，忘了学习

计分方法：

选A记5分，选B记3分，选C记0分。

从以上测试可以看出你的自控力：

45—50分为能力很强，35—44分为能力较强，25—34分为能力一般，15—24分为能力较差，15分以下为能力很差。

▶ WQ悦读

自控力是成功之母

刚刚才信誓旦旦地说"从今天开始减肥"，为什么一到饭桌前又大开吃戒？明明知道明天到校就要交作业，为什么一打开电视又迷上了动画片？你为什么总是难以战胜眼前的诱惑？

40年前，心理学家瓦特·米舍尔和他的团队召集60多个4岁的小朋友进行了一项经典的"延迟满足"实验。他把小朋友带到一个观察室，告诉小朋友他要离开屋子一会儿，桌子上的棉花糖暂时是不能吃的，而如果小朋友能等到他回来，便可以得到2个棉花糖。米舍尔发现，有些小朋友能够通过各种注意转移和自我控制策略战胜棉花糖的诱惑，而另一些小朋友则把持不住，还没等到米舍尔回到屋子，便吃掉了棉花糖。可见，早在4岁，小朋友中"高延迟者"和"低延迟者"的区别就显而易见。

米舍尔进行了长达40年的追踪研究，研究发现，人们的自控力是非常稳定的。4岁时你能不能在棉花糖前把持住自己的冲动，直接关联到40年后你在遇到各种诱惑时的自控能力。与"低延迟"参与者相比，4岁时的"高延迟"参与者在青春期有更加流利的语言表达，思想更理性，注意力更专注，做事更有计划性，更能有效应对压力和挫败，同时在学业上和社交上也都更加出色。而40年后，那些4岁时的"低延迟"参与者的体重指数更高，也更容易染上毒瘾。

同学，请反思一下自己，你是一个"高延迟者"，还是一个"低延迟者"？

▶ WQ博士

一、什么是"志商"

"棉花糖实验"是检验孩子们"延迟满足"（欲望）的能力，这种能力叫意志力（或自控力）。"志商"就是衡量一个人意志力强弱的商数，又叫"意志商"。"高延迟者"志商高，"低延迟者"志商低。

意志力包含"我要做"、"我不要"和"我想要"三种力量：

◆ "我要做"意志力：指驾驭你去做那些需要马上动手的、能够提高生活质量的事情的一种力量。

◆ "我不要"意志力：指克服顽固的恶习的力量，或者驾驭你想放弃、想少做一点那些妨害你的健康、幸福乃至成功的事情的一种力量。

◆ "我想要"意志力：指驾驭你集中精力去完成一项重要的长远目标的力量。

二、意志力的特点

意志力就像银行里的存款一样。

第一，你的意志力是有限的，使用就会消耗，越用越少。所以，你要像不乱花钱一样，珍惜你的意志力。

第二，你每天做的各种事情所消耗的意志力，是从同一个账户里支取的。你花在这件事情上的意志力多了，你用于做其他事情的意志力可能就不够了。

有个成语叫"专心致志"，它告诉我们使用意志力的正确方法。切不可一心多用，那样，会大量消耗意志力，随着意志力逐渐耗尽，你越来越可能犯严重错误。

三、怎样运用意志力

意志力的运用可以分为四大类：

控制思维。意志力促使我们积极地创造性地思维，不断追求最全或最好的答案，而不止于别人的或现成的结论。

◆控制情绪。心理学家又称之为"情感调节"。最常见的情况是，我们运用意志力摆脱坏心情或不愉快的念头，赶走悲伤或愤怒。

◆控制冲动。当面对各种诱惑时，我们运用意志力来控制对诱惑的冲动反应，意志力可以帮助我们避免玩过了头，帮我们远离抽烟、酗酒等恶习。

◆保持专注。我们运用意志力把精力集中于当前的任务，使我们的学习或工作既达到一定的准确度，又达到一定的速度，在想放弃的时候能够坚持下去。

▶ WQ 出发

活动一：试一试，你能管住自己吗？

同学，当我们开口说"我管不住自己"这句话的时候，怎么才能知道这不是一个"挡箭牌"呢？请按下面的提示完成游戏。

1.越来越轻声地重复说"我管不住自己"：

第一步，用平常的声音说。

第二步，小声一点说。

第三步，说的声音小到只有自己才能听见。

第四步，说的声音连自己也听不见。

2.越来越高声地说"我管不住自己"：

第一步，用平常的声音说。

第二步，稍微大声一点说。

第三步，声音更大声一点说。

第四步，用最大的声音说。

游戏以后，再次评价自己：我真的管不住自己吗？

活动二：说出你的意志力挑战

1."我要做"什么？

2."我不要"什么？

3."我想要"什么？

（友情提醒：每天都有新的意志力挑战，每天都进行这个活动，将有助于你走向成功。）

生命的敌人(节选)

◎罗曼·罗兰

人生是场无休止的激烈搏斗。要作一个真正的人,就得随时准备面对无形的敌人,面对存在于自己身上能置你于死地的那股力量,面对那乱人心志引你走向堕落和毁灭的糊涂念头。

给意志力加油

—— 志商·意志力储备

> 只要有坚强的意志力，就自然而然地会有能耐、机灵和知识。
>
> ——陀思妥耶夫斯基

▶ WQ情境

想想同学爱玩电脑游戏，一边玩还一边吃零食，常常玩到半夜。早上醒来发现上学快迟到了，顾不上吃饭，挎上书包就出门了。上午听课总是精力不集中，与老师同学相处，容易为一丁点儿小事就上"火"。他也明知自己不对，却难以控制自己。

班主任找想想谈心，对他缺乏自控力的原因做了以下推测。请联系已有的知识，说说你最认同下列哪些原因。

☐ 原因一：经常熬夜，睡眠不足。

☐ 原因二：不吃早餐，营养不足。

☐ 原因三：爱吃零食，营养失调。

☐ 原因四：不善于调节自己的情绪。

太阳每天升起，每天落下，人们日出而作，日落而息。人每天需要合理作息和饮食，调整好自己的生理机能，做好意志力的储备。请如实回答下面的问题，看看自己是不是重视意志力储备。

1.你吃早餐了吗？

☐ 每周吃5至6次早餐

☐ 每周吃3至4次早餐

☐ 吃早餐每周少于两次

☐ 从不吃早餐

2.你的早餐怎么样？

☐ 家长用心做的

☐ 剩菜剩饭或方便食物，随便凑合

☐ 上学路上，顺路吃点儿

☐ 其他情况：_____

3.你不吃早餐的原因是什么？（吃好早餐的同学不用回答）

☐ 没有食欲

☐ 没有时间

☐ 吃不吃无所谓

☐ 没有喜欢的方便食物

☐ 为了控制体重

☐ 其他情况：_____

4.没吃早餐时上午的感觉如何？（请按照从强到弱的顺序排列）

A.肚子咕咕叫

B.注意力不集中

C.头昏

D.心慌

E.容易生气

F.没特别感觉

同学，参加这次小调查，你有什么发现？

他是被什么拖垮的？

与那些一向表现欠佳的员工相比，优秀员工某个阶段的"不在状态"更加发人深思。

陈嘉奇在一个企业从事销售工作，他从市场部转岗到销售部已有两年时间，业绩节节攀升。就在今年年初，他的一个订单刷新了公司去年的单笔业绩之最。这是陈嘉奇花费了一年多时间，凭着"咬定青山不放松"的狠劲儿，死磕下来的一个大客户贡献的业绩。他的主管也着实兴奋了一番，忙不迭地给他提成、发奖金、给政策。

收入高了，陈嘉奇终于攒足了购房首付，买了住房，从此加入了"房奴"的队伍。与此同时，他又开始筹划"当爹大计"，工作更加卖劲儿了。

过不多久，销售部主管却发现陈嘉奇渐渐流露出沉不住气、只重短期回报、不考虑长远收益的苗头。当工作遇到阻碍时，一向沉稳干练的陈嘉奇居然常常情绪失控，莫名发火，甚至与同事发生过争吵。

原来，陈嘉奇的妻子怀孕了，由于身体原因不得不辞职待产，这让陈嘉奇倍感压力。他开始失眠，原本已经戒掉的香烟，又重新夹在了指尖，而且抽得更狠了。主管找他谈话，劝他遇事沉住气，鼓励他做透客户，否则会浪费掉宝贵资源。但这些努力都没有取得太好的效果。

如果你是陈嘉奇的主管，请分析一下，这个优秀员工到底是被什么拖垮的。

▶ WQ博士

人的心理依存于人的身体。将自己的身体机能调整到较好的状态，当你需要意志力的时候，才会有足够的储备。

一、驱动意志力的能量来自体内的葡萄糖

没有葡萄糖就没有意志力。一个人体内葡萄糖代谢如果发生障碍，他就更难集中精力，更难控制负面情绪，更难延迟满足。

拖垮陈嘉奇的最重要的因素是失眠。压力导致他失眠，失眠导致他体内葡萄糖代谢紊乱，而身体一旦缺乏葡萄糖，就不能为意志力注入足够能量。

二、吃出意志力，睡出意志力

早餐吃不好，一上午都缺乏意志力。不仅要吃好早餐，每餐都要吃好，特别是在那些面临巨大的身体或心理压力的日子里。

■ 尽量不喝含糖饮料，不吃甜味零食。直接用糖提高意志力，葡萄糖水平陡升陡降，会使人难以抵制身体从其他东西中迅速补充葡萄糖的冲动。糖会让情况更糟，甜食会让人越吃越多，越吃越胖。

■ 选择低血糖食物，有益于保持稳定的意志力。身体几乎能把所有种类的食物转化成葡萄糖，所以血糖指数低的食物一样能为意志力提供足够的能量。低血糖食物包括大多数蔬菜、坚果、水果、奶酪、鱼、肉、橄榄油等。

累了，就睡，千万不要熬夜。因为，剥夺睡眠会损害人体中葡萄糖的加工。

三、锻炼，是恢复意志力的良药

锻炼不仅能缓解普通的日常压力，还能改善意志力的生理基础，让人们的生活充满活力。

如果你想立刻恢复意志力，那么最好是离开椅子，出门走走。你可以尝试以下"绿色运动"：

■ 到最近的一片绿色空间散散步。

■ 一边听你最喜欢的歌曲，一边慢跑。

■ 带上你的宠物狗（或别的玩具）到室外玩耍。

■ 呼吸新鲜空气，做一些简单的伸展四肢的活动。

■ 和小伙伴一起做游戏。

▶ WQ出发

活动一：给自己设计"意志力菜单"

学了本课，让我们反思一下自己的三餐在食物选择上存在哪些问题，然后针对这些问题设计一份新菜单。

	存在的问题	新菜单
早餐		
午餐		
晚餐		

活动二：给自己设计"课间表"

上课比较耗费意志力，所以，科学合理地安排课间活动，重视课间休息，给自己的意志力加一加油是非常必要的。上课有"课程表"，课间也应该有"课间表"。你能否为自己的课间活动和休息设计一份有助于恢复意志力的"课间表"呢？

▶ 优WQ加油站

新知

你的脂肪也需要休息

劳累过度、不好好休息，能够减肥吗？研究人员发现，睡眠过少，反而让减肥变得更加困难。因为睡眠不足会使人意志力减弱，进而摄入更多的食物。

研究发现，睡眠不足会影响脂肪细胞的活动，脂肪细胞在调节人体能量供需、储存能量以及处理胰岛素方面起着重要的作用。在研究当中，研究人员控制了几组青年志愿者的睡眠时间，前4天每天睡8个半小时，后4天每天只睡4个半小时，并监测志愿者体内脂肪细胞活动情况的变化。结果表明，在睡眠时间显著减少之后，脂肪细胞对胰岛素信号的接受程度比睡眠充足时下降了30％。

第3单元

牵手情商

单元看点

>> 孔子的学生是在偷吃吗？狮子和老虎为什么要打架？猪与羊、奶牛的内心体验一样吗？

>> 小鲁迅和小伙伴们书屋里开小差，看先生如何教育。

知本聚焦

>> 情商（Emotional Quotient，EQ），简单来说，情商是认识和管理情绪的能力，既包括认识和管理自身情绪的能力，也包括认知他人情绪和管理人际关系的能力。情商不一定能让你考高分，却能提升你的修养，塑造你的人格魅力，这是通向成功和做好各种事情的必经之路。

>> 面对新同学，多聊对方感兴趣的话题，真心地赞赏，你的热情礼貌、真诚相待都是打开沉默僵局的金钥匙；走近朝夕相处的老师，做老师的朋友，平等地交流，你也行。

我行我塑

>> 单向沟通和双向沟通，哪个更给力？你的魅力来自好性格，修炼吧，亲爱的同学！

>> 画一画老师，哪怕你毫无绘画基础；描述一下老师，哪怕你词穷墨尽；聊一聊老师，哪怕你不善言辞……

我该如何走近你

—— 情商·学会与他人交往

> 最能施惠于朋友的，往往不是金钱或一切物质上的接济，而是那些亲切的态度，欢悦的谈话，同情的流露和纯真的赞美。
>
> ——富兰克林

▶ EQ情境

青青很腼腆，不知道该怎么跟别人交朋友。升入初中后，看到别人都有了熟络的小伙伴，她是羡慕嫉妒恨，可是她真的不知道该怎样走近别人、跟别人聊天。听别人聊天的时候，也不知道自己该说什么，好像自己说的别人也不感兴趣，别人说的她也插不上嘴。面对陌生的同学，她始终不敢和其他同学交往。到现在青青在学校里还没有什么朋友。

◆ 请你为青青支着儿，面对陌生的同学，你是如何走近他们的?

　　人际交往都是从陌生人开始的，你会和陌生人交往吗？你与别人相处得怎样？根据自己的实际情况，从备选答案中选出最符合自己的一项吧！

　　1.每到一个新的场所，我对那里原来不认识的人，总是（　　　）

　　A.很快跟他们熟络起来。

　　B.很想跟他们交往，但不得法。

　　C.不愿意交朋友。

　　2.我交朋友的动机主要是（　　　）

　　A.能与朋友谈论心事与想法，分享快乐与悲伤。

　　B.可以陪着我。

　　C.能帮助我解决问题。

　　3.当别人遇到困难时（　　　）

　　A.根据自己的情况给予力所能及的帮助。

　　B.将来能给自己带来好处的就帮，不能给自己带来好处的就不帮。

　　C.不理这事，省得惹麻烦。

　　4.我对曾在精神上、物质上诸多方面帮助过我的朋友总是（　　　）

　　A.感激在心，时时提起，并找机会报答。

　　B.认为朋友间就应该互相帮助，不必客气。

　　C.事过境迁，抛在脑后。

　　5.在我生活中遇到困难或发生不幸的时候（　　　）

　　A.了解我情况的朋友，几乎都曾安慰帮助我。

　　B.只是那些称得上知己的朋友来安慰帮助我。

　　C.几乎没有朋友安慰帮助。

　　6.我和那些气质、性格、生活方式不同的人相处的时候总是（　　　）

　　A.只要人品好，待人诚恳，都可以合得来。

　　B.只要对方身上有自己不喜欢的地方就合不来。

　　C.觉得君子和而不同，只要没什么原则性的错误，跟大部分人都合得来。

　　7.我对朋友、同学们的劝告、批评总是（　　　）

　　A.能接受一部分。

　　B.无论谁的都难以接受。

　　C.不管认不认同都先欣然接受，事后也会考虑哪些可以采纳，哪些只需听一听。

　　8.和朋友吵架后，我通常会怎样做？（　　　）

A.如果对方主动来道歉，会考虑原谅对方。

B.不会再理对方。

C.想想其实当时都在气头上，不管是不是朋友的错，事后主动找朋友心平气和地谈谈。

9.如果朋友做了一件使我不愉快或使我伤心的事，我（　　）

A.以牙还牙也回敬一下。

B.会考虑同学是否有意伤害我，如属无意，则选择宽容；如有意，则会提醒自己下次要注意。

C.不论朋友是否有意，都选择敬而远之。

10.对于别人的感受，我（　　）

A.没想过要去理解别人的感受。

B.会有意识站在别人的立场去体会别人的感受，并尽量做到不伤害别人。

C.会经常以自己的视角去理解别人的感受。

评分细则：第1—5题，选"A"得1分，选"B"得3分，选"C"得5分；第6—8题，选"A"得3分，选"B"得5分，选"C"得1分；第9、10题，选"A"得5分，选"B"得1分，选"C"得3分。具体见下表：

题号	1	2	3	4	5	6	7	8	9	10
A	1	1	1	1	1	3	3	3	5	5
B	3	3	3	3	3	5	5	5	1	1
C	5	5	5	5	5	1	1	1	3	3
你的得分是：										

结果解释：如果你的得分在10—19分，说明你的人际交往能力强，与朋友发生矛盾，也愿意去主动解决，与大部分人的关系都可以；如果你的得分在20—37分，你的人际交往能力一般，有要好的朋友，但与其他人的交往可能较少，在跟朋友相处时还需要多一些主动和理解；如果你的得分在38—50分，你的人际交往能力可能较差，你不仅需要大胆地走近别人，还需要多去体会别人的所思所想。

▶ EQ悦读

（一）

孔子的一位学生在煮粥时，发现有一粒脏东西掉进了锅里。他连忙用汤匙捞了起来。正要把带有脏东西的一汤匙粥倒掉时，忽然想到一粥一饭都来之不易，于是便把它吃了。恰好孔子走进厨房，以为他在偷食，便狠狠地教训了那位负责煮食的同学。这位学生觉得很委屈，就主动找孔子解释，这样大家才恍然大悟。孔子也很感慨地说："我亲眼看见的事情也不确实，何况是道听途说呢？"

（二）

狮子和老虎之间爆发了一场激烈的战争，互不相让，到最后，两败俱伤。

狮子快要断气的时候懊恼地对老虎说："如果不是你非要抢我的地盘，我们也不会弄成现在这样。"

老虎吃惊地说："我从未想过要抢你的地盘，我一直以为是你要侵略我！"

（三）

在同一个牲畜栏里关着一头猪、一只羊和一头奶牛。一天，主人突然捉住了猪，猪大声嚎叫，猛烈地反抗。羊和奶牛讨厌它近似哀嚎的叫喊。

奶牛不耐烦地说："兄弟，看你大呼小叫的，至于吗？有什么呀？"

羊也鄙视地说："我俩也经常被捉，也并不曾像你这样夸张！"

猪听了以后，气愤地回答道："捉你们和捉我完全是两回事。捉你们，只是要你们的毛和乳汁；但捉我，却是要我的命啊！"

◆ 这三个故事体现了跟别人相处时的一些道理，你来总结一下吧！

▶ EQ博士

没有人是一座孤岛，从生命的孕育开始，我们就无时无刻不和这个社会发生互动。人与人之间的交往都有一个由陌生到熟识的过程。那么该怎样与陌生的同学交流、沟通？怎样跟朋友相处呢？这需要我们掌握人与人交流、沟通的规则。

★ 寻找共同点

如果有人跟你聊一些你根本不了解也不感兴趣的话题，你是什么感觉？我想这时你一定身体后仰、哈欠连天，心里盘算着怎样尽快逃离。在社交场合，每个人都希望与他人由陌生到熟悉、由疏远到接近，寻找共同的爱好和兴趣就成了与陌生人交往的突破口。共同的爱好和兴趣最能拉近双方的心理距离，使你们的交谈火速升温。三国时代的鲁肃跟诸葛亮初次见面的第一句话就是："我是你哥哥诸葛瑾的好朋友。"就凭这一句话，使两人"缩短了距离"，为孙权和刘备结盟共同抗击曹操打好了基础。

★ 多微笑、热情、有礼貌

亲爱的同学，请你来做一个选择题，下面的形容词分别表示 A、B 两个人的特征，请看完后想一想，你更愿意跟谁交谈呢？

A. "热情"、"睿智"、"勤勉"、"有决断力"

B. "冷漠"、"有决断力"、"勤勉"、"睿智"

你的选择是：_____。

原因是：_____。

我想你的选择已经告诉你热情和微笑在人际交往中有多重要，礼貌就更不必说了，没人喜欢一个炫酷狂跩自以为是的人。注意：交际活动时，还有一些手势会让人反感，严重影响你的形象。比如双手插入口袋、当众搔头皮、掏耳朵、抠鼻子、咬指甲、手指在桌上乱写乱画等，记住哦。

★ 真心赞赏对方

高兴的时候和生气的时候，在哪种情况下你愿意和别人倾心交谈呢？很明显当人们高兴的时候，更愿意和你交流。而让别人高兴有一个很简单的方法就是奉上你真诚的赞扬和鼓励。因为大家心里都有一个小秘密，就是需要时常受人抬举和恭维，这可以立马提升对方对你的好感。美国心理学家杰斯·雷尔说："赞赏对温暖人类的灵魂而言，就像阳光一样，没有它，我们就无法成长开花。"

★ 耐心倾听

学会倾听，也是一种交流。很多人总想让自己会说多说，却忘记了大家都说谁来听。试想生活中你喜欢跟一天说个没完，从不让你有表达机会或是对你所说敷衍了事的人交往吗？当然，倾听不是简单地带上耳朵，而是要走心。如果别人的谈话烦琐冗（rǒng）长，你是否会急着结束？如果别人的谈话不合你意，你是否会面露厌烦？如果你的回答是肯定的，对不起，你的倾听不及格。走心的姿势语是怎样的呢？身体前倾，目光和煦，关注说话人的眼神，感受他（她）的感受。如果他（她）高兴，你会自然而然地微笑；如果他（她）难过，你会垂下眼帘由衷地悲伤；如果他（她）久久不语，你也缄口相伴……

★ 尊重对方

我们先来做一个小游戏，这个游戏需要你独立完成，现在请你选6个词来描述你自己，它们

是：_____

_____。

写完后跟你的小伙伴们比较一下，有全部相同的吗？

每一个人都是独一无二的，或许你会碰到与你相似很谈得来的，但是更多的是与你格格不入的人。所以请你持一颗宽容的心，允许他人跟自己不同，尊重他人的想法、兴趣、性格、说话方式、做事风格等等。自尊之心，人皆有之。当别人受到你的尊重，自尊心得到满足时，他（她）也会"投桃报李"；否则，狭隘会让你孤立无援，陷入交际危机。就像著名教育家魏书生说的那样，"人心与人心之间，像高山与高山之间一样，你朝着对方的大山呼唤'我尊重你'，那么对方心灵高山的回音便是'我尊重你'；你喊'我理解你'，对方的回音便是'我理解你'；你若喊'我恨你'，人家的回音能是我爱你吗？"

★ **真诚相待**

与人交往时，坦白地讲出我们内心的感受、想法和期望，这能让人感受到你的真心。用真诚、宽容的态度去对待周围的人，我们的真心会换来对方的真心，换来与对方真诚地交流。

但是，真诚相待不能一概而论，与社会上的陌生人比如所谓的"网友"交往时，我们应该注意什么问题呢？

▶ EQ出发

活动一："读图"

这个活动需要两个或两个以上的人相互配合，并且每人准备一张纸、一支笔。怎么玩呢？请看规则：

1.选出一人作为示范者。

2.示范者背对其他人，尽可能又快又正确地描述方块图形，其他人在纸上画出听到的方块图形，但是不能提问。

3.接着，让示范者面对大家，尽可能又快又正确地描述另一组方块图形，其他人仍然在纸上画出听到的方块图形，但是这次可以提问。

4.示范者向大家展示正确的图形，看看大家画对的个数。

5.如果有兴趣的话，可以交换角色，体验不同角色在活动中的感受。

在这个活动中你有什么发现呢?

活动二：性格魅力指数

下面有一些描述人性格的形容词，请你根据自己的真实想法，从中选出你最愿意和哪三种性格的人交朋友，并根据喜欢程度排序，将这三种性格分别记+3，+2，+1分；你最不愿意和哪三种性格的人做朋友，根据讨厌程度排序，这三种性格分别记-3，-2，-1分。

真诚的、善解人意的、谦虚的、乐于助人的、正直的、坚强的、体贴的、热情的、善良的、活泼开朗的、有责任心的、风趣幽默的、聪明能干的、自信的、宽容的、虚伪的、不可信任的、暴躁的、冷漠的、固执的、心胸狭隘的、脾气古怪的、自私自利的、脆弱的、胆怯的、懒惰的、自负傲慢的……（如果里面没有你需要的，可以自行添加）

你最喜欢哪三种性格：_____。

你最不喜欢哪三种性格：_____。

在小组内，计算每种性格的总分，得出该性格的魅力指数。

▶ 优EQ加油站

歌 曲

分 享

作词：林一

时间已做了选择/什么人叫做朋友/偶而碰头/心情却能一点就通/因为我们曾有过/理想类似的生活/太多感受/绝非三言两语能形容/可能有时我们顾虑太多/太多决定需要我们去选择/担心会犯错/难免会受挫/幸好一路上有你陪我

与你分享的快乐 胜过独自拥有/至今我仍深深感动/好友如同一扇窗/能让视野不同

与你分享的快乐 胜过独自拥有/至今我仍深深感动/好友如同一扇门/让世界开阔

老师,想说爱你也容易

—— 情商·学会与老师交往

> 不管一个人取得多么值得骄傲的成就,都应该饮水思源,应当记住自己的老师为他的成长播下最初的种子。
>
> ——居里夫人

▶ EQ情境

大课间时分,阳阳心里很不是滋味,他看到很多同学都簇拥在老师的身边,和老师说说笑笑的,有的同学把手搭在老师肩膀上,有的同学拉着老师的胳膊急切地说着什么,还有的同学忙着帮老师拿教案、课本,准备与老师同行至办公室。老师呢,时而拍拍这个同学的头,时而和那个同学一起大笑,时而亲昵地指着其中的某个同学在嘱咐着。而自己呢,昨天又受老师批评了。"为什么我不能成为其中的一员呢,为什么我和老师的关系老是搞得很僵呢?我也想走近老师。但我做不到,就连我最喜欢的语文老师,我也怯于和她交谈,我总觉得与老师有距离,也不太喜欢某些老师,唉……"阳阳叹息着,把头埋进了书里。

◆ **跟你的小伙伴头脑风暴一下,是哪些原因让阳阳走不近老师?**

◆ 你觉得阳阳如何才能摆脱"想要靠近又做不到"的魔咒？

▶ EQ魔镜

你对师生关系持一种什么态度？你与老师的关系如何，是否有相处困难的时候？下面是一份有关学生与老师相处过程中行为困难程度的测试。请根据自己的实际情况选择回答"是"或"否"。

（　　）1.遇到困难我会向老师求助。

（　　）2.我觉得课后跟老师在一起感觉很快乐。

（　　）3.我觉得每个老师的上课风格不可能让所有同学都满意。

（　　）4.我希望与老师的关系课上是师生，课下是朋友。

（　　）5.当老师遇到麻烦时，我愿意去帮助他（她）。

（　　）6.即便我不喜欢某位老师，我也会很尊重他（她）。

（　　）7.与老师关系再好，上课我都是学生，遵守好课堂纪律。

（　　）8.我愿意与老师分享我内心的想法。

（　　）9.我觉得老师也是普通人，也有普通人的喜怒哀乐。

（　　）10.当老师忽视我时，我会主动找老师谈谈。

评分方式：

答"是"记2分；答"否"记0分。将所有题目的分数加起来就是你的总分，你的得分是：＿＿＿＿＿＿＿＿。

结果解释：

※ 总分为14—20分，表明你对师生关系持一种很积极、健康的态度，能与老师平等相处，能理解、尊重老师，也能从老师那里获得支持；

※ 总分为8—13分，表明你与老师的关系存在一定问题，不能主动与老师交往，可能对老师存在着苛刻的想法，仔细想想是哪些原因妨碍了你与老师建立良好的关系；

※ 总分为8分以下，表明你对师生关系的态度存在问题，这其中可能有你对老师的误解，对老师的要求过高，希望你能积极地与老师沟通，说说你内心的想法，老师都会喜欢积极主动的孩子。

三味书屋后面也有一个园，虽然小，但在那里也可以爬上花坛去折腊梅花，在地上或桂花树上寻蝉蜕。最好的工作是捉了苍蝇喂蚂蚁，静悄悄地没有声音。然而同窗们到园里的太多，太久，可就不行了，先生在书房里便大叫起来：

"人都到那里去了！"

人们便一个一个陆续走回去；一同回去，也不行的。他有一条戒尺，但是不常用，也有罚跪的规则，但也不常用，普通总不过瞪几眼，大声道：

"读书！"

于是大家放开喉咙读一阵书，真是人声鼎沸。有念"仁远乎哉我欲仁斯仁至矣"的，有念"笑人齿缺曰狗窦大开"的，有念"上九潜龙勿用"的，有念"厥土下上上错厥贡苞茅橘柚"的……先生自己也念书。后来，我们的声音便低下去，静下去了，只有他还大声朗读着：

"铁如意，指挥倜傥，一坐皆惊呢；金叵罗，颠倒淋漓噫，千杯未醉嗬……"

我疑心这是极好的文章，因为读到这里，他总是微笑起来，而且将头仰起，摇着，向后拗过去，拗过去。

助读链接：

这个经典文段是鲁迅纪实散文《从百草园到三味书屋》的片段，写了师生共读的情形，也让我们认识了当时很开明、公正、学识渊博的寿镜吾先生。

寿镜吾老先生是鲁迅的启蒙老师。鲁迅18岁到南京读书，每当放假回绍兴时，总要抽空看望寿镜吾老先生。1902年至1909年，在东渡日本留学的8年间，他经常写信向寿老师汇报自己在异国的学习情况。一次，他奉母命从日本回绍兴办婚事，仅在家中停留了四天，但他仍在百忙中抽时间专程探望了年逾花甲的寿先生。

◆ 这是鲁迅先生和老师寿先生共处的一个场景，相信你与老师一定有很多共处的有趣场景，何不与我们分享一二呢？（如果你能用漫画描绘，那真真是极好的）

_____

_____

_____

_____

你有没有这样的体会，与哪个老师关系融洽，就喜欢上哪门课，相应地那门课的成绩就好？如果能让班上的所有老师都成为你的"小伙伴"，那样你会更喜欢学校，说不定成绩也会在不知不觉中提高。但曾有一项调查发现，有七成以上的同学没有或害怕与老师主动交往。奇怪的是老师无一例外地都希望学生可以主动跟自己交流，谈一谈自己的想法，哪怕只是说说今天你过得怎样。为什么会出现这种情况？究竟是什么阻碍了我们和老师之间的来往呢？请你们来找找答案吧！

通过上面的讨论，你一定找到了不少阻碍与老师交往的障碍物，那我们就一起来扫除它们，学着靠近老师，让老师成为我们的知心哥哥、知心姐姐。EQ君有一些小建议，希望能够帮到你：

1.认识到老师也是普通人，放下任性，跟老师平等交往

想要拉近跟老师的心理距离，首先我们要树立一个意识：老师是人，会有自己的优缺点，会犯错误，需要朋友的陪伴。不要因为一些小过失而全盘否定老师，如果发现老师的不足，要持理解态度，向老师委婉地提出你的意见。不要因崇拜老师而接受不了他们身上的丁点儿不对，也不要将老师当作你的守护神而无所顾忌撒娇任性。美国人伯恩认为每个人身上都住着一个小孩、一个父母和一个理性的成年人，希望你能与老师用成人的身份交往，做彼此的朋友，可以谈天说地，可以互诉衷肠，这样你们才能处于平等的位置。

这里还要提醒同学们，不要因为不喜欢某位老师而不喜欢他的课。就像你吃榴莲，你不喜欢它的外表，但它的果肉还是很好吃的。所以不喜欢某位老师，不应讨厌他（她）所传授的知识，明智的你应该懂得听课和交友是两码事。

2.不要用你的主观臆测妄加揣度老师的想法

曾有一个高中同学成绩一直很好，有次考试没有考好，当时老师的脸色不大好看。该同学就猜测"老师是不是对我很失望，对我有看法了"，结果导致师生关系趋于紧张。数年之后，她从别的同学口中得知那天只是因为老师的家里出了事情，所以心情不好。因此，切忌用你的小心思去揣度他人的想法，如果你想知道老师是怎么想的，方法只有一个，就是去问老师。同样你若想老师知道你心里所想，方法也只有一个，就是去跟老师交流。老师不是神，也不是你肚子里的蛔虫，你不说，他（她）怎知你心中所想。

3.尊敬老师，对老师有礼貌，尊重老师的劳动

没人不喜欢有礼貌的孩子，老师也一样，你对老师的尊重也会赢得老师对你的尊重和关注。无论成绩如何，老师最希望的是你有一个认真的学习态度，遵守学校和课堂纪律，上课认真听讲，课后认真完成作业，用最大的努力学习，保持一颗上进心，这是对老师最大的尊重。

4.主动接近老师，多与老师交流

你所在班级的老师只有几位，而每个老师的学生却有一百多个，想要老师时时刻刻关注你，主动与你交流，这个要求太苛刻，所以需要你的主动。向老师请教问题，是师生交往的第一步，在请

教问题的时候，可以顺便跟老师交流一下你的困惑和想法。如果你觉得不好意思，不妨保守一点，利用你的作业本进行书面沟通，将学习中的困惑、遇到的困难适时写在要交的作业后面。老师绝对会对你这份特殊的作业予以关注，给予积极回应。

5. 犯了错误，诚实面对，勇敢担当

人们都喜欢负责任、勇于承担的人。犯了错误，主动向老师承认，勇于改过。老师的批评只是针对你做的事，而非你个人品质，也绝不会因一次错误而否定你。"人非圣贤，孰能无过，过而能改，善莫大焉。"敢做不敢当，小人也！

▶ EQ出发

活动一：为老师画像

请用简短的文字或用简笔画的形式为班里的老师画一张像，请同学们猜猜她（他）是谁。

活动二：我发现了……

每个老师都很特别，每个老师都有自己独特的个性。你能用简练的语言概括出每个老师的特别之处吗？

任课老师	我们通常的称呼	口头禅或习惯动作	他（她）最特别的地方	选一种动物来代表老师
语文老师				
数学老师				
英语老师				
历史老师				
……				

你是人间的四月天

◎林徽因

我说你是人间的四月天；
笑意点亮了四面风；
轻灵在春的光艳中交舞着变。

你是四月早天里的云烟，
黄昏吹着风的软，
星子在无意中闪，
细雨点洒在花前。

那轻，那娉婷，
你是鲜妍
百花的冠冕你戴着，
你是天真，庄严，
你是夜夜的月圆。

雪化后那片鹅黄，
你象新鲜初放芽的绿，
你是柔嫩喜悦，
水光浮动着你梦，
期待中白莲。

你是一树一树的花开，
是燕在梁间呢喃，
你是爱，是暖，是希望，
你是人间的四月天！

第4单元

牵手胆商

单元看点

>> 书籍装订工人法拉第是如何做出拜见戴维教授的决定的?

>> 乘客车上遭抢劫,司机该不该打开车门放走劫匪?

知本聚焦

>> 胆商(Courage Quotient,CQ)是衡量一个人勇气水平的商数。勇气是人在恐惧情景中行为得体的品质,它能够影响幸福感、提升学业成绩、增强自信。

>> 勇气决定一个人的领导能力,主要表现为领导者对决策的决断能力。勇气分析由六个互不关联的决策过程组成。

>> 人应当像人,所以要有道义勇气。你可以从四个方面修炼道义勇气。

我行我塑

>> 阅读柳宗元的《黔之驴》,观赏宫崎骏的《千与千寻》,从小老虎和千寻身上发现自己。

>> 阅读欧·亨利的《二十年后》,阅读文天祥的传记,养自己的"浩然之气"。

登上那辆不归的电车

—— 胆商·勇气分析法

> 将者，智、信、仁、勇、严也。
>
> ——《孙子·始计篇》

▶ CQ情景

据2008年11月3日重庆晚报报道，120名6至16岁的中小学生来到重庆奥体中心，体验了一次新颖的胆商测试。结果显示，超过七成的孩子胆商不及格。专家分析，这跟他们沉迷于漫画书、电脑游戏，长期独处有很大关系。

"遇事总喜欢征求父母的意见"、"不主动跟陌生人打招呼"、"平时很活跃，一到台上就很害怕"……翻阅了几十份胆商测试试卷，记者发现，孩子这些行为成为家长头痛和苦恼的问题。

同是学生，你是否存在报道里提及的问题？想一想，这是什么原因造成的？

测试一下你与人沟通的勇气。

下列各种状况中，你的情况是：向来如此计4分，几乎如此计5分，偶尔如此计7分，几乎没有计8分，绝对没有计10分。最后，计算出自己的勇气值，再根据勇气值的多少来看看你到底存在哪些问题。

1.每当交谈时，比较关注对方将如何理解我说的话。

2.不希望发生冲突，所以回避有可能引发冲突的话题。

3.认为生活在这一世界的每个人都不可能完全表达出自己内心的想法。

4.成长过程中，从未因自己想要的东西而向父母哭闹。

5.与人交谈过程中，如果遭到他人插话，便无法继续自己的谈话而默默退下阵来。

6.每次聚会，我都会谢绝他人请我坐到前排的好意而选择坐在后排。

7.不喜欢自己表达要求时受到拒绝。

8.不喜欢表达或听取消极的言论。

9.认为即使最亲密的朋友，也不应该分享秘密。

10.对表达或正式讲话感到恐惧。

供你参考：

80分以上，属于比较能畅所欲言的人，是心直口快的类型。

60—80分，属于比较能畅所欲言的人，但关键时刻经常犹豫"这句话到底该不该并呢"，因此，往往因关键时刻很难实现自己真正的愿望而后悔。

40—60分，属欲言又止，错过机会又后悔型。能力出众，但经常被带有攻击性、自信十足的同学夺走良机，或被兄弟姐妹欺负。

不满40分，心里话憋在肚子里说不出，经常吃亏的老实人。

假如你的得分低于70分或是超过90分，那么，希望你能从下面的学习中得到更多的益处。

▶ CQ悦读

离开自己的舒适圈

快毕业时，同学们请教授赠言。

教授不说话，只是在一张大白纸上画了一个圈儿——圆圈儿中间站着一个人。接着，他又在圆圈里加上了一座房子、一辆汽车和一些朋友。

教授不紧不慢地说："这是你的舒适圈。这个圆圈儿里面的东西对你至关重要：你的住房，你的家庭，你的朋友，还有你的工作。你在这个圆圈儿里头，会觉得特别自在，特别安全，你可以远离危险，避免争端。"

"现在，谁能告诉我，当你跨出这个圈子以后，会发生什么？"教授问。

大家一时鸦雀无声。一位平时最爱发言的同学终于打破了沉默："会害怕。"另一位也接着说："会出错。"

教授微笑着点头道："当你害怕了，当你犯错误了，结果会怎么样呢？"最初回答问题的那个同学大声回答："我会从中学到东西。"

"正是，你会从害怕和错误中学到东西。当你离开舒适圈以后，你学到了你以前不知道的东西，你增长了见识，你进步了。"教授再次拿起笔，在原来那个圆圈儿外边加上些新的东西——更多的朋友、更豪华的汽车、更大的房子……

阅读上面这篇文章，谈谈你对勇气的认识。

◆勇气是_____。

◆勇气是_____。

◆勇气是_____。

▶ CQ博士

同学，你还记得宫崎骏的经典动画片《千与千寻》中那辆向海中驶去、有去无回的电车吗？你敢和千寻一道登上这辆远去的电车吗？

什么是勇气?

常言道，初生牛犊不怕虎。这初生牛犊勇敢吗？当然不是。无知的无畏，是冒失不是勇气。亚里士多德说，勇气是一种在恐惧情景中行为得体的品质。用中国话说，勇敢既要有胆，更要有识。

恐惧是人人都会经历的正常情感，它具有有益的功能，提醒你做好准备，并保护你远离危险。所以，恐惧并不可怕，可怕的是遇到恐惧后不懂得去克服它。

生活有一个更为本质的目的，就是成长，它与恐惧深切相关。我们需要合理的恐惧得以生存，我们还需要直面和突破不合理的恐惧才得以成长。还记得"黔驴技穷"的故事吧。我们一旦惧怕某一陌生的对象，往往会把它想象得异常巨大而可怕，把自己看得十分渺小、无法匹敌，进而选择逃避。如果我们直面恐惧，循序渐进地接近陌生的对象，它就会逐渐变得不再那么可怕了。

勇气的分类

勇气可以分为三类：

- 生理勇气，指克服对死亡或生理痛楚的恐惧的勇气。
- 道义勇气，指保持道德正义，克服被别人孤立和拒绝的害怕的勇气。
- 心理勇气，指克服对心理稳定的丧失的非理性的恐惧和焦虑的勇气。

心理学家用胆商（又称为"勇气商"）来衡量一个人的勇气水平。勇气对个体的生存与发展起重大作用，它具有影响幸福感、提升学业成绩、增强自信等主要功能。

"勇气分析"法

勇气决定一个人的领导能力，主要表现为领导者对决策的决断能力。勇气并非一时冲动，也不是领导者天生的个性特点。所有的勇气，都是经内心锻炼过的力量，按照一定的程序表现出来的。勇气分析由六个互不关联的决策过程组成：

- 确定主要和次要目标。要估算目标达成的概率，无论是主要目标还是次要目标，都应该是可以达成的目标。
- 确定目标的重要性。勇气是把资本投入到那些最高层次的目标上。最高层次的目标，指那些涉及道德或价值观，而且本人非常愿意挑明立场并为之一战的目标。
- 奠定影响力基础。要提前为实现目标创造条件，积蓄实力。
- 权衡风险和利益。除对行动结果的输赢的预估以外，还要考虑行动的方式和战略的利弊得失。
- 选择行动的恰当时机。优秀的领导人在时机的把握上具有超人的敏感度，他们知道何时该让步，何时该妥协，何时该采取以退为进的策略。
- 制订应急计划，不轻言放弃。要为行动受挫准备第二套方案。你按响门铃，如果没有回应，你要敢于去敲后门，敲窗户，或是再敲一次门。

▶ CQ出发

活动一：阅读下面这个故事，结合"勇气分析"法，说一说法拉第是如何做出见戴维教授的决定的

一位年轻人，最初，他只是一名书籍装订工人，但他心中一直有一个梦想，希望有朝一日走进科学宫殿，从事他喜欢的科学工作。

有一次，听说英国皇家学院公开张榜为大名鼎鼎的教授戴维选拔科研助手，他激动不已，赶忙到选拔委员会报了名。但就在选拔考试的前一天，他被意外通知取消了他的考试资格，因为他是一名普通工人。而委员会里有人还嘲笑他说，一名普通的装订工想到皇家学院来，除非他能得到戴维教授的同意。

年轻人犹豫了。如果不能见到戴维教授，自己就没有机会参加选拔考试。可是一个普通的装订工想要拜见大名鼎鼎的皇家学院教授，他会理睬吗？年轻人顾虑重重。这时，他所在的印刷厂的老师傅吉米知道后，对他说："小伙子，你就去试试啊！你不试怎么知道呢？拿出一点勇气来，就算教授不同意，你也不会损失什么！"

在吉米的鼓励下，年轻人鼓足勇气站到了戴维教授的大门口。

教授家的门紧闭着，年轻人在教授家门前徘徊了很久。最终，"笃笃笃"，那扇大门被一颗胆怯的心叩响了。

门开了，戴维教授聆听了这位年轻人的叙说和要求后，立即将一张纸条递给年轻人："年轻人，你带着这张纸条去，告诉委员会的那帮人，就说戴维老头同意了！"

经过严格而激烈的选拔考试，年轻人出人意料地成了戴维教授的科研助手，走进了英国皇家学院那高贵而华美的大门。这位年轻人就是后来成为大科学家的法拉第。

法拉第叩开的不仅是戴维教授家的那扇大门，还是他人生中的一扇机遇之门。所以，无论我们做什么，都要有一往无前、无所畏惧的精神。这正如法拉第在回忆自己的成功之路时说："我只是比别人多了一点敲门的勇气。"

活动二：如果你是下面报道中的司机，你将如何选择？

乘客车上遭抢劫　司机打开车门放走劫匪

《海峡都市报》2010年4月2日报道　昨天9时许，黄先生坐上从白湖亭开往长乐江田的一班华威客运车。客车开到三江路口车站附近时，车上有3个男人突然上前抢了他的公文包。当时，他坐在车子倒数第二排座位上，坐在最后一排的两个男子突然冲上前，飞快抢走了他手上的公文包，向前车门跑去，而前排坐着的另一男子也起身，大叫司机停车，见此情景，车上的乘客也都大叫"抢劫"。听到劫匪喊停后，司机立即停下车，并开了车门，放三人离开。据黄先生回忆，当时，客车外面还有一男子骑着摩托车接应，三人拿走包后坐上车立即消失了。

在车上遭劫，司机是该关上车门，把车开到派出所，还是该开门放人？

不可征服

◎威廉·埃内斯特·亨利

走出那覆盖我的夜晚，
黑暗如同地狱笼罩世界。
我感谢名号万般的神，
赐我不屈的灵魂。

在不幸的踩躏下，
我没有畏惧，也没有大声哭号。
在命运的恫吓下，
我伤痕累累却誓不低头。

在这愤怒与泪水之外，
恐怖的阴影在游荡。
还有，未来的威胁，
可我是无所畏惧。

无论我将穿过的那扇门有多窄，
无论我将肩承怎样的责罚。
我是命运的主宰，
我是灵魂的舵手。

说不说实话?

——胆商·道义勇气

当我们是少数时，可以测试自己的勇气；当我们是多数时，可以测试自己的宽容。

——索克曼

▶ CQ情景

青青一向是个诚实的孩子，深得大家信任。一天，大鹏在教室里踢球，把黑板撞出了一道大裂痕。青青和几个同学都看到了。大鹏说，谁要是敢把这件事告诉老师，我就揍谁。所以，当老师问事情的缘由时，同学们都说不知道。最后，老师问到了青青。同学，如果你是青青，你会怎么做？

你的做法：

A.不顾大鹏的威胁，勇敢地说出真相。

B.和其他同学一样，默不作声或说不知道。

C.承认是自己做的。

老师指津：

★选A的同学：面对威胁，你还能坚守诚实的原则，非常勇敢。这是合理解决问题的重要前提。

★选B的同学：害怕挨打是很正常的心理。可我们不能因为一时害怕就撒谎呀！勇敢一点，说出真相，事情才能真正得到解决。

★选C的同学：你这样做，表面上很仗义，其实是胆怯的表现。包庇当事人的过失，不仅不能帮助他改正错误，还可能助长他犯错误的气焰。

▶ CQ魔镜

【请你选择】

2005年8月的暑假里，12名美国应届高中毕业生，应邀从大洋彼岸来到了中国的北京。他们都是当年144名"美国总统学生奖"获得者中的一员，已分别被哈佛、耶鲁、斯坦福等许多世界级的著名大学录取为新生。

随着他们的到来，中央电视台《对话》节目向全国2005年应届高中毕业生发出了"优秀代表"的征集通告。最终，12名幸运者从众多报名者中被挑选出来，组成了"中国方阵"。他们分别是被清华、北大、南京大学和香港大学等中国著名高校录取的新生。

2005年8月底，一场名为《两样青春 同一世界》的中美优秀高中生的"巅峰对决"，在中国中央电视台《对话》节目的演播现场拉开帷幕。

《对话》开始的第一个环节，是一个关于希腊神话故事中"神"的选择。在人类文明漫长的传承岁月里，古老而美丽的希腊神话，一直滋养着我们的心灵。那些无所不能的"神"，已成为代表我们人生价值选择的一种符号。

★太阳神阿波罗——代表真理

★众神之神宙斯——代表权力

★冥界之神哈得斯——代表财富

★爱神维纳斯——代表爱与美

★智能女神雅典娜——代表智慧

在列出的这些神话人物里，由中美高中生按照各自的人生价值取向，选择在即将开始的四年大学生活里最想得到哪一位"神"的青睐。

同学，如果你是现场"中国方阵"中的一员，请说出自己的选择和理由。

【请你评论】

美国高中生的选择只有两种：阿波罗和雅典娜——真理和智慧。选择理由，美国高中生的主要观点是：希望能够在未来的四年大学生活中不断地成长，成为更好的人。雅典娜的指引能使自己在面对许多争议时，知道到底什么是正确的，什么是错误的。而根据美国的精神，一旦你掌握了真理和智慧，你也就获得了得到权力的能力，获得了拥有财富的机会，也许还能得到爱的垂青。

中国高中生，一半左右选择了权力的代表宙斯，一位女生选择了爱与美的代表维纳斯，其余的分别选择了阿波罗和雅典娜。他们的选择理由是：智慧也好，真理也好，要把它用于实际，我们必须拥有一定的手段，所以选择权力的象征——宙斯。有权力的人，就好比一个乐队的指挥，用自己手中的指挥棒，集中所有的财富与爱，用美丽的心灵和无穷的智慧去追求真理，奏出最美的乐章。

请你针对中美学生的不同选择发表一点自己的意见。

▶ CQ悦读

啊，人应当像人

◎裴多菲

啊，人应当像人，/不要成为傀儡，/尽受反复无常的/命运的支配。/命运是只胆小的狗，/勇敢的人一反抗它，/它就马上逃跑……/所以你不必怕！

啊，人应当像人，/不在于用你的嘴，/比任何狄摩西尼，/事实是说得更美。/建设或是破坏，/而后需要的是沉默，/暴风雨作完了工，/也就在那里隐匿。

啊，人应当像人，/实现自己的信仰，/勇敢地，正当地声明，/连流血也无妨。/坚持你的主义，/主义重于生命；/宁愿生命消失，/只要声誉能够留存。

啊，人应当像人，/不要一味依赖，/不要为世界的财富，/把你的独立出卖。/为一口饭出卖自己，/谁都可以轻视。/这是可贵的格言：/"劳苦而独立！"

啊，人应当像人，/力量和勇敢/使你能够对人们，/对命运作战。/你要像一棵栎树，/大风将树根吹折，/然而巨大的树干，/却永远挺直。

注：狄摩西尼，古希腊演说家，雄辩术的典范。

阅读上面这首诗，说一说，人要像人，最需要什么。

孟子曰,"我善养吾浩然之气","其为气也,至大至刚"。此浩然之气,乃天地之正气,本课称之为"道义勇气"。

道义勇气的含义

道义勇气,又叫道德勇气,是个体在不利的道德情景下践行正确的价值规范的一种精神力量。个体必须有清醒的意识和理智能力,能够做出正确的判断,有能力预见自己行为的可能后果,具有独立的人格,行动是出于自愿的选择。

道义勇气的类型

道义勇气大致分为三种类型:

■ 勇于作为。为实现有价值的目的而不顾危险,见义勇为。

■ 勇于不为。勇以慈为本,不逞匹夫之勇。荀子曰"悍戆(gàng)好斗,似勇而非"。勇以义为上,要常怀敬畏之心。孟子曰,"富贵不能淫,贫贱不能移,威武不能屈",也是讲大丈夫当勇于不为。

■ 勇于存在。一要珍爱生命。亚里士多德指出:"为了逃避贫困、爱情和痛苦而去死,并不是勇敢,而更多是怯懦。因为在困难中逃避更容易。"二要坚持独立人格。哲学家康德告诉我们,"坚定地循着自己的道路前进,这是一种道德的勇气,这是许多在战场上或在决斗中被证明是勇敢的人都不具备的。义务要求人甚至敢于冒受人嘲笑的危险,这也是一种更高级的勇敢"。三要有过则改、提升自我。正如程颢、程颐所说,"克己自胜,非君子之大勇不可能也"。

道义勇气的养成

养成道义勇气,必须具备两个先决条件:

■ 天性敦厚。一个人有无作为,首先要看他为人是否敦厚,所以古来许多大政治家习人的标准是,宁取笨重,不取小巧。

■ 体魄雄健。"勇"字在金文中有两种写法:一种由"用(操作)"和"戈(武器)"两部分组成,表示敢打敢拼;一种由"用"和"力"两部分组成,表示敢于担当。体魄是胆子的基础,力大则胆壮。

养成道义勇气,还要从四个方面加以修炼:

■ 坚持真理。对真理的信念,是道义勇气的来源。唯有经过严格价值观陶熔的人,才能明辨是非,才能发出有系统、有计划、有远见的行动。

■ 无欲则刚。俭以养德,无欲则刚。没有简单的生活,高尚的人格是不能充分发挥的。社会上有些坏人,并不是他们自己甘心要坏的,乃是他的生活享受的标准过高,以致贪得无厌,为所欲为。

■ 意志独立。只有特立独行的人,才能过"淡泊明志,宁静致远"的生活,才能做到"举世誉之而不加劝，举世毁之而不加沮”，才会表现出“虽千万人吾往矣”的英雄气概，悠悠众口不足以动摇他的信念，所以他能够以最大的决心，去贯彻他的意志。

■ 松柏本色。孔子曰："岁寒，然后知松柏之后凋也"。伟大的人格，只有到临危的时候，才容易表现出来。只有强者才不怕危难，不但不怕危难，而且爱危难，因为在危难之中，才能充分地发挥他的人格。

▶ CQ出发

活动一：认识吉米的勇气

吉米的选择

20年前的今天晚上，吉米·维尔斯和最要好的朋友鲍勃在这儿的餐馆共进晚餐。那天临分手的时候，他俩约定：20年后的同一日期、同一时间，来到这里再次相会。

这是纽约的一条大街，而今已是警察的吉米如约来到这里。一阵冷飕飕的风向他迎面吹来，已近夜间10点，街上的行人寥寥无几了。

在一家小店铺的门口，昏暗的灯光下站着一个男子。他的嘴里叼着一支没有点燃的雪茄烟。吉米认出那人正是自己等候的鲍勃，于是向他走过去。

"这儿没有出什么事，警官先生。"看见警察向自己走来，鲍勃很快地说，"我只是在这儿等一位朋友罢了。这是20年前定下的一个约会。这个店铺现在所占的地方，20年前是一家餐馆……"

"那餐馆5年前就被拆除了。" 吉米接着说。

鲍勃划了根火柴，点燃了叼在嘴上的雪茄。借着火柴的亮光，吉米发现鲍勃脸色苍白，右眼角附近有一块小小的白色的伤疤。

"你在西部混得不错吧?" 吉米问道。

"当然啰! 吉米的光景要是能赶上我的一半就好了。啊，实在不容易啊! 这些年来，我一直不得不东奔西跑……"

又是一阵冷飕飕的风穿街而过。接着，一片沉寂。他们俩谁也没有说话。

"我得走了，" 吉米对鲍勃说，"我希望你的朋友很快就会到来。假如他不准时赶来，你会离开

这儿吗?"

"不会的。我起码要再等他半个小时。如果吉米他还活在人间,他到时候一定会来到这儿的。就说这些吧,再见,警官先生。"

鲍勃又在这店铺的门前等了大约二十分钟的光景,这时候,一个身材高大的人急匆匆地径直走来。他穿着一件黑色的大衣,衣领向上翻着,盖住了耳朵。

"你是鲍勃吗?"来人问道。

"你是吉米·维尔斯?"鲍勃大声地说,显然,他很激动。

街角处有一家大商店。尽管时间已经不早了,商店里的灯还在亮着。来到亮处以后,两个人都不约而同地转过身来看了看对方的脸。

突然间,鲍勃停住了脚步。"你不是吉米·维尔斯。"他说,"20年的时间虽然不短,但它不足以使一个人变得容貌全非。"

"然而,20年的时间却有可能使一个好人变成坏人。"高个子说,"你被捕了,鲍勃。芝加哥的警方猜到你会到这个城市来的……好吧,在我们还没有去警察局之前,先给你看一张条子,是你的朋友吉米写给你的。"

鲍勃接过便条。读着读着,他的手微微地颤抖起来。

(根据欧·亨利短篇小说《二十年后》编写)

★吉米做出了怎样的选择?吉米为什么这样做?

_____

_____

★想象一下,吉米给鲍勃的纸条上写了什么话?

_____

_____

活动二:体会文天祥的正气

"山河破碎风飘絮,身世浮沉雨打萍。"请阅读文天祥传记,然后举行一个读书报告会,谈谈是什么力量支撑着文天祥沉浮无定的人生。

【心海导航】

文天祥的一生,有两点特别值得注意:

◆第一,他"知其不可而为之"的精神。遭逢乱世,不受重用而不阿谀逢迎。一介文人,率乌合之众的义兵,屡败屡战,从不灰心。

◆第二,他不苟且偷生的精神。他逃脱好几次,却矢志抗元,践行了自己"人生自古谁无死,留取丹心照汗青"的铮铮誓言。

预 感

◎里尔克

我像一面旗帜被空旷包围。
我感到阵阵来风，我必须承受，
下面的一切还没有动静：
门轻关，烟囱无声；
窗子不动，尘土还很重。

我认出风暴而激动如大海。
我舒展开来又卷缩回去，
我挣脱自身，独自
置身于伟大的风暴中。

第5单元

牵手健商

单元看点

>> 影视明星李小璐的健康之道。
>> 抗生素的辉煌与困惑。

知本聚焦

>> 健商（Health Quotient，HQ）即健康商数，代表一个人的健康智慧及其对健康的态度。健商包括健康意识、健康知识、健康能力等三个方面。
>> 健康是人生最大的财富，健康来自健康的生活方式。
>> 抗生素是一把双刃剑，学会判断、正确使用抗生素。

我行我塑

>> 对照健康标准，诊断父母的健康状况，给家人设计健康表，让健康伴随你全家。
>> 小知识大健康，收集"防感小妙招"，熟记"安全用药顺口溜"。

你真的健康吗?

—— 健商·健康习惯

> 健康的身体乃是灵魂的客厅,有病的身体则是灵魂的禁闭室。
>
> ——培根

▶ HQ情境

又到每学期体检的时候,阳阳、青青拿着自己的体检单子兴奋地走向体检点。在路上看到一边四处张望,一边慢腾腾往操场移动的春春,阳阳问:"春春,走,去体检呀。"春春一脸鄙夷地回答:"切,有什么好体检的,我既没有缺胳膊少腿儿,又能活蹦乱跳,像我这种健康体魄,查什么查? 还不如趁机去躲在树荫下玩会儿手机游戏呢。"

同学们,春春说自己没有缺胳膊少腿儿,能活蹦乱跳就是健康,你们赞同他的观点吗? 在你的心目中,健康应该有哪些标准呢?

我们先来自我测试一下自己到底是否健康吧。

六好

身形好：体重适当，身体匀称，站立时，头、肩、臂位置协调。

皮肤好：肌肉丰满，有弹性，红润有光泽。

发质好：乌黑，水润，有光泽，没有油腻、头屑。

眼睛好：明亮，无近视，不易发炎。

牙齿好：无龋齿，不疼痛，牙龈无出血现象。

呼吸好：不急不缓、从容不迫。

五力

充沛的战斗力：能从容不迫地担负日常生活和繁重工作，而且不感到过分紧张与疲劳。

快速的适应力：能适应外界环境的各种变化。

顽强的抵抗力：能够抵抗一般性感冒和传染病。

强大的记忆力：记得快、记得准、保持久。

强烈的自控力：能够自觉地控制自己的情绪和行动。

五快

睡得快：上床能很快熟睡，且睡得深，醒后精神饱满，头脑清醒。

食得快：进食时有很好的胃口，能快速吃完一餐饭而不挑剔食物，这证明内脏功能正常。

便得快：一旦有便意时，能很快排泄大小便，且感觉轻松自如，在精神上有一种良好的感觉，说明胃肠功能良好。

说得快：语言表达正确，说话流利。表示头脑清楚，思维敏捷，口气充足，心、肺功能正常。

走得快：行动自如、转变敏捷。证明精力充沛旺盛。

以上所有测试你都能通过吗？如果全通过了，恭喜你，暂时你是健康的。为什么我说是"暂时"呢？

因为健康这个词语是个发展的相对体，随着时间、空间的变化，健康情况也会在我们身边有所变化。所以保持健康是每个人一生的事业。

李小璐的健康之道

李小璐，3岁第一次拍戏，17岁获得了台湾第35届金马奖最佳女主角，成为最年轻的金马影后。说起健康生活，她也头头是道。

一、早餐更爱粥、晚饭要早点吃

李小璐在家时，每天早晨必备的是牛奶、面包。提起喝牛奶小璐可是有故事的人，记得上幼儿园时小璐最讨厌的就是喝牛奶，可是不喝牛奶不让出门啊，没办法只有乖乖听话捏着鼻子把牛奶喝下去了。还好，后来上学之后改喝粥，和大多数女孩子一样小璐到现在还是更喜欢喝粥。

李小璐的晚饭吃得早，六七点就吃。一般到深夜会饿，不过她都尽量忍着，最多吃片面包。

二、健康有道

谈到健康，小璐认为健康生活最重要的是有好心情。不开心的时候她喜欢逛公园晒太阳，在公园玩过山车。这不，小璐开始侃她的健康之道了。

维生素片：每天都应该吃的，维生素充足脸上就不起小痘痘了。妈妈给我准备了好多各种各样的瓶瓶罐罐，但是我不爱吞药片，后来就选了每天只吃一片善存片。另外还要注意多喝水。

尽量多休息：拍戏时因为5点半起床，晚上10点就要睡觉才行。

运动项目：喜欢游泳、仰卧起坐。

小璐在外面拍戏，每天收工都不忘健身，在床上做仰卧起坐，每次做3组，每组12个。这样可以锻炼腹肌和气息，拍戏也变得有精神。小璐9岁和小姨学游泳，没事的时候都会去游泳健身。

还想有机会学习跆拳道，让自己的身心都变得坚强起来。

减压方法：听音乐、逛公园、在山上看夜景、聊天。

在家看夜景，还可以和猫咪说话。我家猫咪总是过来蹭我，好像是在我流泪时安慰我，高兴时鼓励我。

小时候最难过是奶奶去世，那时候在外面拍戏，剧组的大哥哥大姐姐都陪着我聊天。看着草原上的羊群真是太美了。我还记得有个朋友说过，你看着困难像座山，你迈过去就是坎，人生没有迈不过去的坎。

我们现在所说的健康，已经不再是能吃能睡，能跑能跳，四肢健全，不病不痛……它更多的是一种健康的生活方式，生活理念。

一、健康来自健康的生活方式

人的健康不一定是简单的进补和运动的问题，世界卫生组织对于健康有一个基本的估算，指出：健康有15%取决于遗传，10%取决于社会条件，8%取决于医疗条件，7%取决于自然环境，而60%取决于自己习惯的生活方式。

（一）饮食做到"二多三少"

饮食应该"二多三少"，即多吃一些优质蛋白、多吃新鲜水果，少油、少盐、少吃点饭，饮食不过量。牛奶的蛋白质既是优质的又是最容易消化吸收的。所以有人说，人啊，最好一辈子不要"断奶"。

（二）运动的"三五七"原则

运动应该从年轻的时候就要养成习惯，适当的运动可预防肥胖症和糖尿病。这里提供大家一个体重指数的算法：体重指数＝体重公斤数÷身高米数的平方。正常值为18.5—22.9，低于18.5为消瘦，≥23为超重，≥25为肥胖。超重后第一要控制饮食，二是要增加运动。运动量多少为好呢？有一个"三五七"原则：3是指一次运动的时间不要少于30分钟，5是指一周运动不要少于5次，7是指运动后心跳加快，运动后心率为每分钟170减去年龄。

（三）吸烟百害而无一利

烟雾中的有害物质有600多种，已确定的致癌物质便达40多种。吸烟者与不吸烟者相比，患肺癌的危险性高8—12倍，患喉癌的危险高8倍，食管癌的危险高6倍，膀胱癌高4倍。另外，吸烟更加危害被动吸烟者的健康。家中一人吸烟，其他人被动吸烟，被动吸烟的人比没有被动吸烟者患癌的危险增加1倍。

年轻人不要吸烟，中老年人则应少吸烟、尽早戒烟。

（四）情绪健康

人必须和社会相适应，人也要和环境相和谐，要有健康的人生观与世界观，一分为二地看待世界上的事，摆正自己在社会生活中的位置，这是心理健康的基础。须知先有"我为人人"，才有"人人为我"，对人宽、对己严，自然达到了情绪健康。

健康是一种躯体上、精神上和社会适应上的完好状态，而不仅仅是没有疾病和虚弱。世界卫生组织把"合理饮食、戒烟限酒、适当运动、心理平衡"称之为"健康基石"。

二、细数不良生活习惯

不良的生活行为或习惯对健康有害。重庆市对2万名青少年进行了调查。结果发现，不良生活习惯主要表现在5个方面：

①不健康饮食：20%的青少年不喝牛奶或豆浆，4%的人不吃早餐，27%的人经常吃甜点心，13%的人经常大量喝软饮料，43%的人每周吃烧烤、西式快餐1—2次。

②睡眠不足：小学生平均每天睡眠时间不足 10 小时的比例为 67%，初中生平均每天睡眠时间不足 9 小时的比例为 56%，高中生平均每天睡眠时间不足 7 小时的比例为 43%。

③体力活动不足：66% 的青少年平均每天参加体育锻炼时间不足 1 小时，且体育锻炼普遍没有规律性。

④吸烟与饮酒：小学、初中和高中男生吸烟率（包括尝试吸烟）分别为 4%、15% 和 23%。

⑤游戏与网络成瘾：表示喜欢电子游戏的占 74%，8% 的学生存在网络成瘾现象。

▶ HQ 出发

活动一：对照我们的健康标准，请诊断你的父母是否健康

也许这些材料会对你有用：

人体老化简易自测法

具体方法：自测者双手下垂紧贴身体两侧，闭上眼睛，用一只脚直立站住，然后根据"不倒时间"来判断自己的老化程度。

判断标准：9.9 秒，男性生理年龄为 30—39 岁，女性生理年龄为 40—49 岁；

8.4 秒：男性生理年龄为 40—49 岁，女性生理年龄为 50—59 岁；

7.4 秒：男性生理年龄为 50—59 岁，女性生理年龄为 60—69 岁；

5.8 秒：男性生理年龄为 60—69 岁，女性生理年龄为 70—79 岁。

未达到标准者，老化程度偏快，即生理年龄高于实际年龄。

活动二：根据所学知识以及下面材料，给你的家人计划一张健康表吧

最健康的一天怎么过?

5—6 点，醒了也要多睡会儿：再多睡会儿或闭目养神，有助于一天精神百倍。

6 点半，做伸展运动：早上简单锻炼 10—20 分钟，可加速新陈代谢，提升一天的情绪。

7—8 点，吃份高营养早餐：除淀粉类食物外，还要有牛奶、水果、鸡蛋、豆制品食物。

10 点， 吃一小把坚果：对心脑血管有好处。

11 点半—12 点半，享受"杂牌"午餐：素菜、一荤菜、一荤素搭配的菜，再配一碗汤更好。

13 点，小睡 30 分钟：午饭后半小时，不妨先喝一杯水，然后打个盹儿，为身体和大脑"充电"。

14 点，喝杯咖啡或绿茶：既能为下午增加活力，又不会影响夜间睡眠。

15 点，晒晒太阳：去楼下溜达几分钟或做身体拉伸等。

16 点，来杯酸奶：喝杯酸奶或吃两片全麦面包。

18 点—20 点，与家人分享"慢"晚餐：和家人一起慢慢享用清淡的晚餐。

20 点，站一刻钟：浇浇花、洗洗碗，既挣表现，还不容易积食、长胖。

21点，提前刷牙：给神经系统发送信号：不能再吃东西了，可减少进食量。

22点，准备休息：最佳睡眠时间。

▶ 优HQ加油站

歌曲

健康歌

◎惠錙（zī）

拍拍手　甩甩头

大家出去走一走

你一言　我一语

笑声飘进耳朵里

跳一跳　跑一跑

大家参与最最好

你开心　我快乐

嘻嘻哈哈没烦恼

伸伸腿　弯弯腰

身体健康最重要

天天锻炼一小时

幸福生活一辈子

一辈子

抗生素滥用，危害有几何？

——健商·正确认识抗生素

病人的本能就是病人的医生，医生是帮助本能的。

——希波克拉底

▶ HQ情境

前些天，阳阳吹空调、吃冷饮，导致腹泻。他根据症状上网查询，诊断为"肠炎"，找出家中存的抗生素服用。两天后症状没有缓解，更换了另外一种抗生素，吃了两天不管用又更换了一种。结果腹泻发展成一天十几次，还有些发热。经就医诊断，阳阳患上的是胃肠型感冒，是由病毒感染造成的，服用抗生素效果不明显，而其盲目服用抗生素，致使血液中的白细胞仅剩下正常人的一半。

▶ HQ魔镜

现实生活中，常常会因为某些原因我们的身体健康受到威胁。当发生下列情况时，你是如何应对的？请与大家交流。

情形	我是如何做的？	判断正误	正确的做法
感冒			
发烧			
咳嗽			

▶ HQ悦读

抗生素的辉煌与困惑

（一）抗生素的诞生

1910年，德国医生埃尔利希在经历了605次实验失败后，成功配制出"艾尔希利606"，抗生素的前身。1928年，英国细菌学家弗莱明发现青霉素，并把它命名为"盘尼西林"。1932年，德国细菌学家兼药物学家多马克成功研制出"百浪多息"，成为抗生素时代来临前的曙光。1941年，德国科学家钱恩与弗洛里成功分离出青霉素。伟大的青霉素登场，它的发现真正开启了属于抗生素的时代。

抗生素是微生物学史上最伟大的成就之一，人们把它连同原子弹、雷达，称为第二次世界大战中的三大发明。伴随着抗生素的出现，肺结核、白喉、肺炎等疾病不再是绝症。人类发现并应用抗生素，是人类进步的一大革命，从此人类有了可以同死神进行抗争的一大武器。

（二）抗生素的辉煌

自青霉素发现并被应用于临床以后，人类就开始了抗生素治疗的新时代，抗生素的普及使许多曾经严重危害人类生命的感染性疾病得到了有效的控制，并使出生婴儿的死亡率和手术后感染率大幅度降低，人类的平均寿命也因此延长了15—20年。

随后的几十年被科学家称为"淘菌时代"，不断有新抗生素问世。也正是在这一时期，抗生素研究进入了有目的、有计划、系统化的阶段。并建立了大规模的抗菌素制药二业，生产方式实现了工业化。

抗生素是人类同死神抗争的一大武器，令20世纪的疾病谱发生了天翻地覆的变化。抗生素进入了辉煌时代。

（三）抗生素的困惑

我们对抗生素并不陌生，随便走进一个药店，不用处方，不用病历，就可以轻松买到抗生素，抗生素是几乎每个家庭的必备药品，无论伤风感冒，咽干咳嗽，抗生素迅速打马上阵，大家自认为给予疾病有力的一击，防微杜渐，防止其蔓延成熊熊大火。

频繁服用抗生素并不会使我们的肉体坚如磐石，固若钢桶，可以抵御一切疾病来袭。完全相反，它使细菌的耐药性更为普遍，变异速度越来越快，在真正发生疾病需要使用抗生素的时候，药物剂量需远大于正常剂量方可达到临床效果，滥用抗生素甚至会导致"超级细菌"出现，人类将对此束手无策。从某种意义上来讲，现代医学为抗生素这一成功的里程碑正在付出代价，抗生素的普遍使用有力地抑制了普通细菌，客观地减少了微生物世界的竞争，因而促进了耐药性细菌的生长。

1997年，美国疾病管理中心出台法规，指导医生合理使用抗生素。

2003年，中国国家食品药品监督管理局发出呼吁：合理使用抗生素。

抗生素是一把双刃剑，在我们随意使用它挥刀斩病魔的同时，也对自身造成了不可估量的损害。

▶ HQ博士

（一）什么是抗生素？

抗生素是由微生物（包括细菌、真菌等）或高等动植物在生活过程中所产生的具有抗病原体或其他活性的一类次级代谢产物，能干扰其他细胞发育功能的化学物质。弗莱明在他的葡萄球菌培养皿中，发现长出了青霉，青霉抑制周围葡萄球菌生长。青霉素就属于抗生素。抗生素不仅能杀灭细菌，而且对霉菌等致病微生物也有良好的抑制和杀灭作用。通俗地讲，抗生素就是用于治疗各种非病毒感染的药物。

（二）一张图看懂抗生素什么时候用？

怎样区别病毒性感染还是细菌性感染呢？从症状上看不明显，可以通过抽血化验的方式，还可以用排除法，下面这个表列出几种常见的病毒性疾病，可以作为参照。

疾病	常见原因		是否需要抗生素
	病毒	细菌	
普通感冒	是	否	否
流感	是	否	否
急性支气管炎（健康儿童和成人）	是	否	否
咽喉炎（除去链球菌感染）	是	否	否
支气管炎（健康儿童和成人）	是	否	否

疾病	常见原因		是否需要抗生素
	病毒	细菌	
流鼻涕（带青色和黄色黏液）	是	否	否
中耳积液	是	否	否

诸如普通感冒这类病，发烧、咳嗽、咽喉发炎都是它的症状，治也好，不治也好，到日子准好。请看下面这个图。

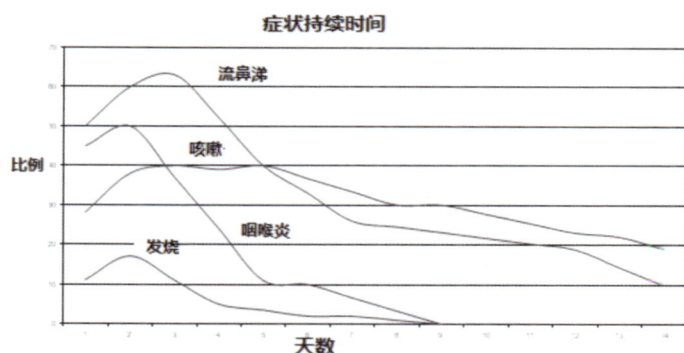

但是，这并不表明你咳上两三周就能咳出大毛病来，咳嗽是身体把病原体排出体外的手段，等病毒性感染消失了，自然就不咳了，就和发烧一样，止咳是止不住的，只能稍稍缓解，甚至基本上是安慰剂效应。

人类自身就有强大的抵抗力，一个人一旦有点病痛，经过一段时间的疗养，自己就会逐渐地恢复健康。所以，我们自己的健康，绝对不能建筑在仅依靠药物的保证上。药物只是起到辅助的治疗作用，而真正发挥治疗作用的还是自身机体的抵抗力和恢复力。

（三）使用抗生素中的四大误区

误区一：抗生素滥用会导致癌症和免疫力损害。

真相：过度使用抗生素的危害在于加速耐药细菌的蔓延。

误区二：抗生素可以治疗一切炎症。

真相：抗生素仅适用于由细菌、真菌等引起的炎症，而对病毒引起的炎症无效。

误区三：新的抗生素比老的好，贵的比便宜的好。

真相：每种抗生素都有自身的特性。例如，红霉素是老牌抗生素，价格便宜，而价格较高的三代头孢在对付支原体感染的肺炎时，就不如红霉素。新的抗生素的诞生往往是因为老的抗生素发生了耐药，如果老的抗生素有疗效，应当使用老的抗生素。

误区四：使用抗生素的种类越多，越能有效杀灭细菌。

真相：这样做容易产生一些毒副作用，还会引起细菌对药物的耐药。

（四）怎样减少抗生素的滥用

应该怎样做，才能减少抗生素的滥用呢？HQ博士教大家几招，请牢记：

1.不要自己决定是否用药。抗生素是处方药，需经过医生的诊断再使用。

2.不要自己停药或减量。抗生素并非用量越少越好，不足量的使用更容易催生耐药。

3.不要追求新的、高档的抗菌药物。

4.无论何时，消毒和隔离都是对付病菌的好方法。

▶ HQ出发

活动一：故事接龙

请同学们在小组内依次接龙，续编故事，小组内选出最佳版本，在课堂中分享本组的完整故事。

大战病体

小明一个人在家边吃饼干边玩积木，一个病原体"首领"指挥许多病原体"士兵"从积木上蹿到小明的手上、饼干上，借机侵入小明的体内。一会儿，小明又用水果刀削起苹果，一不小心割破了手指，这可是个好机会，"首领"立刻指挥"士兵"们迅速涌向伤口，直入小明体内……

活动二：我有防病小妙招

以小组为单位，收集预防各种疾病的小妙招，在课堂中轮流展示，未说出的小组被淘汰，最后剩下的一组获得胜利。授予"HQ达人"称号。

▶ 优HQ加油站

歌诀

安全用药顺口溜

生病勿烦恼，世人皆难逃。药到病能除，须知要记牢。

处方非处方，用法不一样。病重到医院，切勿自诊断；

取药凭处方，用药遵医言。OTC类药，说明书要看；

用法和用量，不能擅改变。家庭备用药，分类存放好；

乱用和滥用，健康无处找。安全用药好，长寿延衰老。

第6单元

牵手心商

>> 崔万志出生在安徽肥东县一个偏僻的农村，从小患有小儿麻痹症。他是怎样走出生活困境的？

>> "神圣小丑"的恶作剧，为什么是神圣的？

知本聚焦

>> 心商（Mental Quotient，MQ）是一个人维持心理健康、调适心理压力、保持良好心理状态的能力，是一个人获得幸福的能力。它或许不能让你功成名就、叱咤风云，但却时刻陪伴着你，许你宁静，给你温暖。

>> 你或许常常不如意，或许遭遇过很多麻烦，不要抱怨，不要逃避，直面问题，理清思路，行动起来。抱怨和逃避只会让你更倒霉，积极行动才能抵达幸福。

我行我塑

>> 觉察自己抱怨的内容，为自己设立"不抱怨日"，有意识地让自己远离抱怨……

>> 让麻烦现原形，优化应对麻烦的方式，建立自己的"支持董事会"……

抱怨有"神马"用?

——心商·积极行动

停止抱怨，你就能在众多的竞争者中脱颖而出。不要做一只鸭子，要做一只雄鹰，鸭子只会"嘎嘎"抱怨，而雄鹰则在芸芸众生中奋起高飞。

——韦恩·戴尔

▶ MQ情境

青青升入初中了，她怀着兴奋的心情走进校园，初中校园却让她大失所望，教室看起来有些陈旧，一点儿也不光鲜。青青兴奋的心情顿时一落千丈，遇到熟悉的人就总是抱怨自己的不幸。进入初中已经快一个月了，青青依然牢骚满腹，抱怨作业多、放学晚、老师讲得快、中午吃饭找不到位子……很多同学都不愿跟青青一起玩，因为和她在一起总有一种负能量爆棚的感觉。

◆ **亲，看完这个小案例，你想给青青什么建议呢?**

人生总不能像我们预想的那样发展。当遇到不如意之事时，你是选择去主动适应 还是抱怨？下面是一个适应能力的测试，看看你的情况如何。

每道题有3个答案，请你根据自己的实际情况选择一个最符合自己的答案打上"√"。

1.如果事情不符合我的预期，虽然有失落，但会很快调整心态。

A.是　　　　　　　　　B.无法肯定　　　　　　　　C.不是

2.每到一个新的地方，我很容易同别人接近。

A.是　　　　　　　　　B.无法肯定　　　　　　　　C.不是

3.即使生活条件很艰苦，我也能让自己过得很愉快。

A.是　　　　　　　　　B.无法肯定　　　　　　　　C.不是

4.即使有的同学对我有看法，我仍能同他（她）交往。

A.是　　　　　　　　　B.无法肯定　　　　　　　　C.不是

5.我觉得不能要求每个人都能理解我。

A.是　　　　　　　　　B.无法肯定　　　　　　　　C.不是

6.跟他人相处遇到困难时，往往我会改变我自己。

A.是　　　　　　　　　B.无法肯定　　　　　　　　C.不是

7.我相信"方法总比困难多"。

A.是　　　　　　　　　B.无法肯定　　　　　　　　C.不是

8.每到一个新的环境，我总要经过很长的一段时间才能适应。

A.是　　　　　　　　　B.无法肯定　　　　　　　　C.不是

9.我不喜欢的东西，不管怎么学也学不会。

A.是　　　　　　　　　B.无法肯定　　　　　　　　C.不是

10.当遇到我看不惯的事情或人时，我特别想发牢骚。

A.是　　　　　　　　　B.无法肯定　　　　　　　　C.不是

评分方法：

1.1—7题，选"是"得2分；选"无法确定"得0分；选"不是"得-2分。

2.8—10题，选"是"得-2分；选"无法确定"得0分；选"不是"得2分。

将各题总分相加即得总分。

结果分析：

16—20分：适应能力很强，能很快适应新的学习、生活环境，无论进入怎样的环境 都能应付自如。积极主动行动多，抱怨也最少。

11—15分：社会适应能力良好，能较快地适应新的学习和生活，愿意改变自己去适应环境，但还需要多一些积极主动的行动。

5—10分：社会适应能力一般。面临一种新变化，会有一些不适应，也会抱怨。但你也会慢慢去改变，经过一段时间的努力，基本上能适应。

5分以下：社会适应能力较差，依赖于较好的学习、生活环境，一旦遇到困难易怨天尤人、不思改变。建议你化抱怨为行动，少去要求外界，而是多想想自己可以做哪些改变去适应外界。

▶ MQ悦读

不抱怨，靠自己

（崔万志出生在安徽肥东县一个偏僻的农村，从小患有小儿麻痹症，求学与求职路上，屡遭白眼。但生活的困境没有把他压倒，凭着自己的坚持和努力他成了身价千万的企业家，这是他在"超级演说家"里的演讲原文——不抱怨靠自己。）

我出生在肥东（县）的一个农户家庭，出生的时候脚先落地，头被卡在里面了，一连几个小时都下不来。我出生的时候没有呼吸，赤脚医生就逮着我的腿，头朝下使劲地抖。一直抖了十个小时我才有了第一声微微的哭泣，就这样我活了下来。

九岁的时候上小学，我记得从我家到小学之间有一条沟。别人很容易就跨过去，我就是跨不过去，我也不愿意我的父母天天背着我送我上学。我试着蹲下去，趴在地上，爬下去，然后再爬上来。我再看我过去，也许上天从我小时候就告诉我人生没有过不去的坎。

我上高中那年，我的中考分数在县里名列前茅，被一个重点高中录取了。我和父亲把学费交了，床单也铺了，突然间被校长发现了。校长很惊讶地看着我们，说："学校怎么来了一个残疾人？"然后在几分钟之内把我和我父亲赶出校门，我的行李也被踢到校门之外。校长指着我说："就算你考上大学也没有学校要你，你还耽误我一个名额。"我爸当时就跪了下来，一跪就是两个小时。我恨！我恨！我恨！我恨命运对我这么不公平！为什么？为什么？为什么？我爸用双手捧着我的脸对我说："万志，你听着，没有为什么，抱怨没有用！书还要不要读？"我说："要！"我爸说："那么回家吧，一切靠自己！"

上大学的时候，我真的害怕没有大学收我。我选择一所比较偏僻的、离家很远很远的大学，很

幸运我被录取了。大学毕业以后我和所有的大学毕业生一样面临着找工作，我天天跑人才市场，投了上百封简历，没有一家单位要我。记得最后一次，我很早很早就去排队，排在第一位，然后面试的招聘官看着我，指着我就说："你快走开，你快走开，别挡着后面的人。"从那以后我再也没有去找工作，那天走在大街上，风好大，我的眼泪再也忍不住地滚了下来。我心里非常地绝望，我要养活我自己！我要养活我自己！我要养活我自己！那个声音就在我心里嘣嘣嘣地敲打着我，我想起了父亲的话，"抱怨没有用，一切靠自己！"我改变不了现实，我就改变我自己。我已经不在乎别人对我的看法，也不再抱怨甚至不再难过。

我去摆地摊，我卖旧书、卖卡片，我一顿饭当两顿吃……就这样坚持了半年，我开了自己的一个小书店，后来开音像店、开超市、开网吧。我的书店被烧过，我的超市被偷过，我的网吧被拆了一次又一次……后来我又开网店，我把几年积蓄的二十多万一下子亏光了；后来我又开，并且成立自己的电子商务公司，欠了外债四百万。所有的委屈、所有的挫折、所有的痛苦，埋藏在心里，我说不出，也不想说。因为我知道，抱怨没有用，一切靠自己！就这样我坚持、坚持、坚持下去，一直把我们的旗袍做到天猫第一名。

走到今天，我回头再看看我走过的这些经历、这些挫折，原来都是上天对我最好的安排。世界是一面镜子，照射着我们的内心，我们内心是什么样子，这个世界就是什么样子。选择抱怨，我们内心充满着痛苦、黑暗和绝望；选择感恩，我们的世界就充满着阳光、希望和爱。

亲爱的同学，看完崔万志的演讲稿，你想说些什么呢？

▶ MQ视野

（一）

什么是抱怨呢？抱怨就是表达伤心、痛苦或不满，它充满负能量，会让你的注意力集中在困难和问题上，而忽略了问题的解决办法。我们生活中经常会听到抱怨，比如我穿得不如别人；我长得不漂亮；学校厕所太差了……这些抱怨会给我们带来负能量，不仅让别人知道我们的痛苦，还让自己不自觉地去寻找、体验无谓的痛苦。可是抱怨就像口臭，当它从别人的口中发出时，我们能注意到。但从自己口中发出时，我们却觉察不到。不如从今天开始有意识地注意一下你每天都抱怨些什么，仔细反省自己，并将自己抱怨的内容写在下面：

我的抱怨是：_____；

抱怨时我的心情是：_____；

抱怨对我解决问题起的作用是：_____。

（二）

罗宾·柯瓦斯基博士认为抱怨通常有五种原因，人们的抱怨都是基于其中一个或多个原因。我们将这五种原因归纳成下面的三种抱怨类型：

1.寻求关注，引起别人同情或艳羡型

我们天生都需要获得别人的认可和关注，别人的认可让我们找到归属，心里有种暖暖的安全感。为了获得他人的认可和关注，有的人便采取了抱怨的方式，让你注意他（她）、同情他（她）、安慰他（她）。

2.寻找借口，推卸责任型

有的人会采取抱怨的方式为自己的不思进取、懒惰或是不好的表现找借口，以推卸责任。比如有时候我们会听到这样的话：都怪小组长没提醒我，害我忘交作业了；要是我家有钱我就不用这么辛苦了等等。

3.打压嫉妒型

这种类型的人喜欢讲别人的闲话，以这种方式打压别人，找存在感。比如：不就是当个学生干部吗？有什么了不起的，我才不稀罕呢。

亲爱的同学，你属于哪种类型呢？不过我们希望你是一个充满积极能量的人，不属于其中任何一种。

（三）

如果你是个有心人，会发现抱怨从来不会吸引那些你想要的东西，相反，却会让你不想要的如影随形。下面就是抱怨的两大危害：

1.小心，抱怨会让你更倒霉。每个人的所说所做都散发着能量，相同或相近的能量会相互吸引，抱怨本身是有负能量的，可想而知它会吸引什么样的能量到你身边来；并且抱怨会让我们只看到缺陷，而忽略其他。这就是有人抱怨自己倒霉就会变得更倒霉的原因。

2.抱怨让积极乐观的朋友远离你。心理学家发现大部分人更愿意与比自己抱怨得少的人交往，我们喜欢那些乐观向上、能够激励我们的人。试问：升入初中后，久未见面的好朋友再次相见时，你希望他（她）对你大倒苦水，数落新环境的种种不好，你在一旁极力安慰；还是他（她）对你说好玩的事，你与他（她）开怀大笑？但是不要以为你想跟乐观积极的人交往，他们就会接受你。有句话叫"物以类聚，人以群分"，能量相同或相近的人才会相互吸引，爱抱怨的人散发的能量跟积极乐观的人散发的能量频率"不在一个频道上"，所以很难合得来。有同学可能会说我爱抱怨那就可以找爱抱怨的朋友，很不幸的是，研究发现，长期习惯性抱怨者如果过度抱怨、负能量过大，最后往往也会被那些同样爱抱怨的人排斥。

因此，珍爱生命，远离抱怨！从现在开始，请你试着停止抱怨，并且找一找自己能接受的和能改变的，慢慢你会变成一个行动派，而不是只会给自己和别人带来负能量的"瘟神"。

▶ MQ出发

1.写下经常抱怨的事情，还原过去的我

亲爱的同学，你有抱怨吗？将你曾经抱怨的事情写在下面的"瓢虫"和"花朵"便笺上。哪些是我无法改变、应该主动去适应的？将它们写在"爱心"笺上；哪些是我可以改变的，用什么方法改变？将它们写在"星星"便笺上。

2.为自己设立"不抱怨日"

一周当中为自己设立一天"不抱怨日",在这一天要一直提醒自己不要抱怨,同时可以邀请其他人监督。试着感受不抱怨是一种怎样的体验,然后将你的体验写在下面吧。

▶ 优MQ加油站

歌曲

不抱怨的世界

◎词曲:李友胜　演唱:李友胜

当你来到了这个世界上

上天早就注定你有多少的风浪

没有一个人啊

一生平坦坦

再大的事情也要自己闯

哪里跌倒　哪里就上

人生就要面对更多的挑战

无论是虎啊　无论还是狼

隔着千山万水　也要自己闯

这个那世界没有抱怨

抱怨的世界遮盖了半边天

当你想方　它就是方

当你去想圆　它就是圆

这个那世界没有抱怨

抱怨的世界遮盖了半边天

二十一世纪　花好月圆

再大的事情　不要去抱怨

与麻烦对视

——心商·正视问题

当一件麻烦事来临的时候，我们不必急吼吼地向外看、向外找原因。反之，每件麻烦事都是一个机会，让我们能够反观生活的过往，换一个视角去看这个世界。

—— 吉姆·丁克奇

▶ MQ情境

想想是一个遇事喜欢逃避的人，最近她遇上了一件麻烦事。她的好朋友乐乐又交了新朋友，跟她在一起的时间少了，有一次放学乐乐居然没有等她，为此想想心里特别烦闷。"乐乐到底怎么想的？是不是我哪里做错了？我该不该跟她绝交？……"这些问题一直困扰着她，想想又不愿去找乐乐问个清楚。于是在各种猜测中惶惶度日，连学习都受影响了。

◆ **假如你是心理咨询师，想想来向你倾诉她的烦恼，你会给她怎样的建议呢？**

麻烦来了，你是怎样面对和处理麻烦的呢？下面是一些人在遇到困难或麻烦时通常采取的应对方法，应对方法没有好坏之分。请根据你自己的真实情况对每个题目作出回答，并在相应的数字上打"√"。

	不采用	偶尔采用	有时采用	经常采用
1. 利用自己或别人的经验去对付麻烦。	1	2	3	4
2. 试着换一个角度看问题，从挫折中看到积极的一面。	1	2	3	4
3. 做一些不切实际的幻想来消除烦恼。	1	2	3	4
4. 认真思考"怎样才能最好地解决问题"。	1	2	3	4
5. 从困难的经历中学到了一些有益的东西。	1	2	3	4
6. 认为自己不能处理眼前的问题，放弃努力。	1	2	3	4
7. 常想我怎么这么倒霉。	1	2	3	4
8. 努力寻找解决问题的办法。	1	2	3	4
9. 向别人诉说心中的烦恼。	1	2	3	4
10. 把困难、麻烦看成是人生经历的一部分。	1	2	3	4
11. 在麻烦事面前，常告诉自己还是忍着吧。	1	2	3	4
12. 遇到困难、麻烦就心烦意乱。	1	2	3	4
13. 常常希望一觉醒来问题已经解决了。	1	2	3	4
14. 制订解决问题的计划，并按计划一步步去执行。	1	2	3	4
15. 把不愉快的事情埋在心里。	1	2	3	4
16. 向引起麻烦的人或事发脾气。	1	2	3	4
17. 不能解决问题，就十分苦恼。	1	2	3	4
18. 与同学、朋友或家人一起讨论解决问题的办法。	1	2	3	4
19. 对问题采取等待观望、拖着不解决的态度。	1	2	3	4

这个测试包括两种应对方式：一种是直面问题，积极想办法解决问题，包含的题目有：1、2、4、5、8、9、10、14、18；另一种是逃避问题，消极对待问题，包含的题目有：3、6、7、11、12、13、15、16、17、19。将每个应对方式包含题目的得分相加，就是你每种应对方式的得分。

请将你的得分写在下面吧：

□直面问题，主动解决问题得分：＿＿＿＿＿＿＿

□逃避问题，消极对待问题得分：＿＿＿＿＿＿＿

得分高的应对方式是你经常采用的，一般来说，直面问题的应对方式更有利于问题的解决。反

思一下你处理麻烦的方式有何优缺点。

"神圣小丑"讨人厌吗？

根据印第安人最早期的口述历史，"神圣小丑"（Sacred Clowns），有些印第安人称之为"嘿优卡"，是北美原住居民对某种工作的称呼。"神圣小丑"的任务是捣乱，他们每天早上起床后，唯一要做的事就是破坏其他部族成员的生活，惹恼他们。或许你认为他们很恶作剧，但在部族中这却是受人敬重的工作。

蒸汗屋是美洲印第安人一种具有宗教意义的桑拿浴仪式。当蒸汗屋挤满人时，"神圣小丑"会到部落里说，蒸汗屋里还空空的，需要更多的人过去。人们一听，纷纷赶到蒸汗屋，结果屋里被大家挤得像沙丁鱼罐头。

在南达科他州的圣地黑山举行的一年一度的太阳之舞活动中，"神圣小丑"也会列席。在四天的活动里，舞者在炙热的阳光下表演祖先的舞步，不能饮水或进食。正当观众满怀敬意地观看舞者的奉献、隐忍之际，"神圣小丑"也开始了他们在仪式中的工作。第三天，当舞者已经筋疲力尽，打算放弃时，穿着黑白两色的"神圣小丑"出现了，他们打扮的颜色类似我们中国的"阴阳"，象征在阴暗中存在光明，璀璨之中也存在阴影。就在舞者竭尽所能维持他们的庄重平静时，小丑在一旁且跳、骚扰，有些"神圣小丑"还故意面朝后骑马绕圈，高声呐喊，让舞者分心。他们也会用大水枪喷得观众一身湿，他们竭尽所能地捣乱，任何事都可能被当作目标。

或许你以为"神圣小丑"不登大雅之堂的恶作剧，让已经筋疲力尽的舞者士气低落，削弱了他们的力量和勇气。但其实恰恰相反，几年前南达科他州松岭原住民保留区举行了一场太阳之舞，"神圣小丑"头一次不在场，而那一年也是头一次有几名舞者因热衰竭而被送走。"神圣小丑"不在场反而削弱了舞者的耐力。

美洲原住民认为，"神圣小丑"是大神最先创造的生物，是人类成长和发展所必要的元素。他提醒人们挑战和麻烦是人生的一部分，也是成长的必经过程。每天都会有新的挑战出现，而能克服越多的挑战，就能培养更多解决问题的能力。"神圣小丑"向你展现的其实是你自己。当"神圣小丑"惹恼你时，他们不是针对你个人，而只是告诉你，你还需要更进一步培养自己静定平和的心态。他们在做神灵的工作，要澄清并治愈你的灵魂。这也是为什么这些小丑用"神圣"来命名。

◆ 别人让你愤怒，说明你的修养不够，还不够包容；琐事让你烦忧，说明你的心态和处事能力需要提高……因此，没必要逃避、惧怕问题和麻烦，它们都是你的"神圣小丑"，它们的出现是为了让你变得更强大。亲爱的同学，什么是你的"神圣小丑"呢？

▶ MQ视野

麻烦虽小，有时却让我们很心塞。但是你大可不必害怕，麻烦于我们而言有其独特价值，它在向我们传递重要的信息。打个比方，如果你将别人对你的议论视作麻烦，其中包含的信息是不是你太在意别人对你的评价呢？倘若能够积极关注、聆听麻烦（包括焦虑、纠结、害怕、不安等情绪）带来的信息，我们就能从中找到成长的机会。其实，麻烦是上天赐予我们的礼物，只为让你成为更好的自己，你受的苦必将照亮你前行的路。

许多麻烦，无须战胜，更无须逃避。我们可静下来，聆听麻烦，面对面跟它沟通，找到问题的解决办法。美国心理学者吉姆·丁克奇就有个最省时间且省银子的办法：找张纸，把你的麻烦和不安逐条写下来。在书写的过程中，你焦虑的小脑袋渐渐理清了思路，冷静下来的大脑开始思考如何干掉它们。目前，美国的两名心理学研究者 Ramirez 和 Beilock 已经用实验证明了吉姆的这个发现，如何证明的呢？在参加生物学期末考试的时候，考前10分钟，两个组的学生分别接到一个信封，其中一组同学被要求写下对考试的想法，而另外一组同学则被要求写一些与考试无关的话题。最后结果显示，被要求写下与考试相关话题的学生缓解了考前焦虑的负面影响，而那些被要求写下无关话题的学生得分较差。更妙的是，考试焦虑程度越深的同学改善越明显。

因此，面对麻烦引起的各种不适，逃避是不能解决问题的，袖手旁观、坐以待毙只会让焦虑加剧，最好的方法是直接面对，心平气和解决麻烦。

▶ MQ出发

1.让麻烦现出原形

有时候我们会有一种紧张茫然、心烦意乱或不知所措的感觉，别害怕，这只是我们的麻烦事有点多，大脑有点理不清了。现在你可以先做个深呼吸，在你喜欢的日记本上将所有的困难、挑战、不安和忧虑，每一件让你忧心和惊慌失措的事写下来，让这些不安的潜意识浮出水面，你才能发现它们，直面它们，解决它们。暂时将你的麻烦事写在下面吧，一定要将要做的事全部罗列在下面哦！

_____

_____

_____

_____

_____

_____

_____

_____

现在看看它们，你会发现提笔之前重如千斤的压力，其实也就那么几件事。然后将它们按重要性或者是难易程度排列一下，你只需一件一件去做就行了，记住做一件就划掉一件，这样每做完一件你都会有成功的喜悦。

2.优化应对麻烦的方式

面对麻烦，你采用哪种应对方式呢？相信前面的测试已经给了你答案。逃避、忍耐、发脾气应对显然不会有很好的效果。当麻烦事再次来临时，你是否可以转换一下应对方式呢？下面我们将曾经遇到麻烦事时的不恰当应对方式换成一种积极的应对方式，你来试试吧。

曾经遇到的麻烦事	原来我是这样处理的	现在我还可以这样处理

3.我的"支持董事会"

俗话说，"一个篱笆三个桩，一个好汉三个帮"。遇到麻烦时，别人的支持和温暖是我们的心理维生素。你可以建立自己的"支持董事会"，在遇到麻烦时向董事会求援。建立董事会时要注意：①"支持董事会"成员不可太多，否则我们难以有足够的精力经营；②我们需要经常跟"支持董事会"的成员沟通、联络、互相帮助，否则当你需要支持的时候不要责怪别人的冷漠；③"支持董事会"有时候需更换，当有成员离去时，不要哀伤，也许他（她）已不能承载你的臂膀。

遇到麻烦时一定能支持我的成员	遇到麻烦时可能会支持我的成员

▶ 优MQ加油站

不幸

◎巴人

我仿佛感到了绝世的悲哀，在大地上，我找不出可以讴歌的东西。

然而，我将讴歌"不幸"。

黑夜孕育着光明，"不幸"将胚胎"幸运"。我将以诅咒的调子，讴歌黑夜与"不幸"。

道路从崎岖引到康庄。我们古昔的先民，不是活在广漠的沙漠之上，而是生长在榛芒丛生的山林之间。

涉足于康庄的大道上，每使我有身处沙漠之感。

我爱黑夜，为它有小星的微芒。生命不是大海，生命于闪烁中见它精力。

黑夜夸张着自己的权力，以为统治了大地的一切，然而微芒却透露了它将逝的消息。

巨星的陨落不足悲，而四野的秋虫的低鸣为可哀。

严冬张着杀伐之声，连秋虫也咽下最后的残息了，于是六合静寂，四大皆空；展在我眼前的，是一块白地。连不幸之感也消逝了。我其彷徨于无何有之乡乎？

第7单元
牵手逆商

单元看点

>> 温室里的花朵和角落里的小树，谁能所向披靡？

>> "绝情"的父亲与爱子签下《亲子双向自立协议》，究竟是为了什么？

>> "儿子"出征，家袭宝箭是否靠得住？

知本聚焦

>> 逆商（Adversity Quotient，AQ），也称为挫折商，即面对逆境和挫折、摆脱困境、超越困难的能力。生活不平坦，挫折永相伴。AQ君使你迎战挫折，积极寻找"脱困"方法，将挫折视为历练，强大自己。

>> 没有一世的保护伞，唯有靠自己。摆脱对他人的依赖，让自己成为扎下深根的树，翻过群山的脚。懂得危机即转机，逆境即成长。

我行我塑

>> 陌生而条件差的地方极锻炼人，不要假如，有机会就去体验吧，注意所有事项要自己搞定。

>> 想想10年后你的样子，他（她）在做什么？现在的你储备好未来了吗？如果还没有，那么带上你的热情，从强迫自己坚持计划开始吧……

最好的疼爱是手放开

该让每个人竭力保持自己的独立性，不依赖任何人，无论他怎样爱这个人，怎样相信他。

——车尔尼雪夫斯基

▶ AQ 情境

热播剧《虎妈猫爸》里的"问题小公主"罗茜茜，将我们今天的"小公主"和"小皇帝"们演绎得淋漓尽致。在这个物质特别充裕的时代，孩子最不缺的就是物质，家长们忙里忙外：每天清晨，父母叫醒孩子，帮忙整理书包，做好早餐，体贴入微。在一些经济条件好的家庭，由于心疼孩子挤公交、担心上当受骗，每天专车接送，结果孩子没有交通的概念，也没有一点方向感。就像温室里的花朵，看似娇艳，却经不起风雨的洗礼。他们视父母的付出为理所当然，恃宠而骄，自私自利，不懂得分享，更不懂得感恩。

★ **亲爱的同学，你是如何看待"罗茜茜们"的**？

▶ AQ魔镜

同学，你的自立能力如何呢？下面有10个情境，假如你遇到这些情况会如何选择？请在最符合你选择的答案上打"√"。

1.班级讨论会上，大家就学习创新问题讨论得十分热烈，一致要求老师改变上课方式，当轮到你发言时，同学们要求你提出好的创新思路，于是你会：

A.你们愿意怎么想就怎么做，我投一票就行了。

B.这种问题应该由老师来决定，我们学生没必要那么积极，也没有发言权。

C.积极发言，做好总结报告请老师一起参与学习创新工作。

2.你学过电脑，家里的电脑有病毒了，爸爸告诉你，抽屉里有一张杀病毒的软盘，你自己杀一下病毒就可以了，于是你会：

A.找出杀毒软盘，学习试着将病毒杀掉，不懂再问爸爸。

B.找出杀毒软盘，试着用了一下，觉得麻烦，就算了。

C.请爸爸代劳，省事。

3.假如明天你要参加夏令营，东西还没收拾，你会：

A.爸妈给我收拾就行了。

B.爸妈提醒我带什么东西，我自己收拾。

C.一切我自己搞定。

4.下楼上学时发现忘了带书本，于是你会：

A.自己上楼去取。

B.打个电话让家里人把书本送下来。

C.打个电话让家里人送到学校。

5.明天你要早起，必须在5：30起床，而你平时一般要睡到6：30，于是你会：

A.请爸爸妈妈明天早点叫醒你，并为你准备早餐。

B.请爸爸妈妈今晚准备好明天的早点，并在明天叫醒你。

C.自己将闹钟调整好，到时自己起床并做好早点。

6.你是住校生，于是每个星期你会：

A.自己坐公交车或汽车来回。

B.找个住得近的同学，一起"打的"来回。

C.让爸爸接送。

7.做作业，碰到一道难题，你稍稍想了一下，但还是做不出来，于是你会：

A.放一边去，等爸妈回来让他们帮着做。

B.打电话与同学讨论。

83

C.继续动脑筋，借助参考书等解答。

8.学校要搞秋游活动了，需要准备随身物品，于是你会：

A.自己去商店购买。

B.让爸爸妈妈陪你去商店买自己喜欢吃的东西。

C.让爸爸妈妈代劳。

9.爸爸妈妈要出差几天，冰箱里有东西，没有给你留下现金，于是你打算：

A.到外婆家去住几天，直到爸爸妈妈回来。

B.请同学来家一起陪你住几天。

C.自己料理生活。

10.你必须去外地看一位亲人，于是你会：

A.带上亲人的详细地址、电话号码、地图，跟对方通好电话，自己坐火车去。

B.找个同学一起去。

C.让家里人陪着去或让亲人的家属来接。

评分方法：

第1、3、5、7、9题，选"A"得1分，选"B"得2分，选"C"得3分；第2、4、6、8、10题，选"A"得3分，选"B"得2分，选"C"得1分。

你的得分是：_____。

结果解释：

24—30分为独立型：你是一个独立性很强的人，这将有助于你将来与成功握手，因为对每个人来说，成功的道路都不会一帆风顺，只有那些能从容应对问题的人，独立性很强的人才能到达成功的彼岸。

17—23分为依托型：你有一定的依赖性，能依则依，缺乏主动锻炼自己的意识，建议你要经常地利用一切机会锻炼自己独立做事的能力和意识，让自己更加优秀。

10—16分为依赖型：你是一个依赖性很强的孩子，在将来的人生中也许会碰到许多障碍，要给自己制定人生目标，要培养自己做一个自立的人，将依赖性降到最低。

（一）温室里的花朵和角落里的小树

温室里的花朵，一朵比一朵美丽，没有风吹雨打，不必未雨绸缪。而在一个角落里，生长着一棵小树，天气的炎热催来了浇花的园丁，粗心的园丁一不小心踩到了小树的枝干，它顿时觉得火辣辣地疼。为了生存，它把根深深地扎进泥土里，汲取泥土仅有的一点水分，坚强地生存着，终于，原本面黄肌瘦的它变得有了活力！

冬天来了，有一天，为花朵们遮风挡雨的顶篷里的电路出了故障，供暖设施停止了工作，寒气侵入了它们温暖的家。没了暖气的庇护，花朵们在冷气中瑟瑟发抖，叫苦不迭，有的甚至开始凋落。而小树，却仍然生机勃勃，曾经的风吹雨打、严寒酷暑已能让它从容地傲立于蓝天下，给大地一片生机！

（二）"绝情"的父亲

天津市社科院副研究员郝麦收，为培养纤弱、内向、自私、依赖性极强的独生子郝丁自立、自强，于1996年9月18日同爱子签订了一份《亲子双向自立协议》。协议上写着：20岁的儿子今后不能再从父母那里得到1分钱，高等教育（他是中专生）、谋职创业、结婚成家、生儿育女等方面的费用完全自己承担；父母的养老、生病医疗及自我料理，以及身后事也靠父母自己，不用儿子负担。在这份协议的下面，正式地签着一家三口的名字。

面对别人的不理解，郝麦收是这样解释的：儿子自小体弱，3岁还不会说话。他们不想生二胎，所以从小把郝丁视为掌上明珠。后来发现孩子被惯出了许多毛病，如自己不会穿鞋，大饼吃一两口就扔掉，不会系红领巾，还有逃学、说谎话等等。对父母、家庭无休止地依赖，是阻碍儿子自立成长的最大陷阱。这些考虑终于让父亲痛下决心同儿子签订了协议。而当时的郝丁不明白父亲的良苦用心，认为父亲太绝情。

在签订协议的6年后，郝丁谈起了这些年他的人生经历和感受。这6年，他吃了比同学多得多的苦，但也得到了比他们丰富得多的阅历，最重要的是拥有了超乎同龄人的成熟与坚毅。从对那份协议的不相信、反感到接受，今天的郝丁已经完全变为协议的支持者。他说："社会日益向着公平竞

争的方向发展，而父亲让我较早适应了这种环境，练出了竞争力。如果没有这份协议，今天我和父亲有的恐怕只有亲情。但读懂父亲之后，我对他又增加了真诚的感激和敬重。"虽然郝丁知道，父母也会认真履行他们的责任。不过，他并不打算让父母履约。几年的闯荡让他体会到父母的辛苦，他要尽赡养老人的义务。

★ 你觉得对郝丁来说，哪种环境更有利于他成长？为什么？

▶ AQ博士

年少时，你是家里的"小皇帝"、"小公主"，就像温室里的花朵，吃得饱，穿得暖，什么也不必担心。但终有一天你会走入社会，父母也总有一天会离我们而去，那时没人能让你依靠。因此我们从小就要培养自己的自立意识，经风雨，长见识。既要有意识地摆脱依赖，自己做主，自己行动；更重要的是要为自己的主张和行为负责。该怎样培养自立意识呢？AQ看有几点建议：

1.学会自己做选择，并勇于承担后果。面对选择，别人说的话认真听一听，自己做决定。针对有些同学的选择恐惧，可以采用这样的方法：将每种选择的好处和坏处通通列出来，然后慎重地考虑你最最想要的是什么，综合比对后强迫自己作出一个选择。无论将来结果怎样，都坦然接受，不能归咎于他人，因为最后的决定是你做的。

2.自己的事情自己做。也许你认为这句话很小儿科，幼儿园的时候老师就这样讲。但是你现在是否还在做小儿科的事情：衣服扔给妈妈洗、父母早上要叫醒你、自己的房间家人打扫……甚至于作业还要抄别人的。唯有自己去做事情，哪怕犯错误，哪怕摔跟头，这都是你应有的成长，从中你学会的不仅是难得的经验，还有自立的人生。但愿你是依靠自己力量攀缘的冒险家，而不是靠在父母臂弯里只会撒娇的小可怜。

3.主动分担家务

你是不是认为，学习累，作业多，升学压力大，没时间做什么家务活？干家务活会影响学习成绩？鑫报记者对50名中学生的调查显示这是很多中学生的普遍说法，那我们看看究竟是不是这样。被调查的50人当中，

做寒假作业啦！

竟有47个人不会做饭，连简单的都不会，也不会洗碗刷锅。若父母都不在，这47个人一是选择到外面吃，再就是泡方便面。仅有3名同学会自己做饭，其中2人父母失业，1人母亲患病在床，每天放学后她们不仅要买菜做饭，而且还要照顾家人，还主动承担着家里的家务。但这些并未影响3人的学习，她们的成绩都在班上前15名以内。这也就充分驳斥了某些同学"没时间做家务、做家务会影响学习成绩"的谬论。

你是家庭中的一员，身在其中就要为它付出。因此，在日常生活中要主动帮爸爸妈妈做家务，积极参加社会服务、公益劳动等各种活动。在家务和活动中锻炼自己的品格，你也能从中懂得团结合作、友爱互助精神的可贵。

4.锻炼吃苦精神

俗话说："吃得苦中苦，方为人上人。"一个人生活得太顺利，免不了自以为是，自高自大；一个人生活得太富足，免不了恃宠而骄，傲慢无礼。生命中如果没有一点波折、一点阻碍，也就错过了与自己较量的机会，你将永无进步。西北师大彭教授曾提醒家长："这是一个竞争的社会，可以断言，今后竞争还将日趋激烈和残酷，在这种环境中懒人和不能吃苦的人，是难以在社会上立足的。"学习和课外劳动就给了你锻炼吃苦的机会，学习很重要，因为它不仅能让你获得好成绩或是学到知识，更能锻炼你的坚韧耐力、你的吃苦精神……有苦吃才会觉得甜更甜，你才会学会苦中作乐的达观。

▶ AQ出发

假如有个电视台邀请你去参加三日乡村体验活动，要求不能带现金，不能带食品饮料，不能带手机、电脑等现代化的娱乐工具，包包限重两公斤。

1.你会带哪些必备物品呢？

2.这个活动只安排住在农家，但不统一安排饮食和活动，农家有锅碗瓢盆等做饭工具以及米面，冰箱里有各种肉类，菜园也有各种新鲜的果蔬。这三天你打算怎么安排？列出你的三天体验计划，并确定你三天一日三餐的食谱。

七绝·改西乡隆盛诗赠父亲

◎毛泽东

孩儿立志出乡关，
学不成名誓不还。
埋骨何须桑梓地，
人生无处不青山。

学习靠别人监督，靠谱吗？

——逆商·学习要自主

> 生活中无论有什么闪失，统统是自己的错，与人无尤，从错处学习改过，精益求精，至不犯同一错误，从不把过失推诿到他人肩膀上去，免得失去学乖的机会。
>
> ——《阿修罗》

▶ AQ情境

阳阳的父母在外地工作，经常不在家，家里只有外婆照顾他。小学的时侯，阳阳还挺喜欢这种自由的状态，在家他说了算，作业完成后还能"网"上一游。但进入初中不到一年，阳阳就感觉力不从心了。由于初中科目增多，作业量和难度都加大了，爸妈不在家，外婆又帮不上忙，没有家人监督与帮助的阳阳写作业时间越来越长，晚上的睡觉时间变短了，白天上课的精神状态大不如前，自然而然成绩也就下降了。最初在外婆的鼓励下阳阳还能坚持，但几次考试下来，心灰意冷的阳阳无心学习，沉迷于游戏。

请你回答：

★ 如果阳阳的父母找班主任了解情况，请你帮助阳阳的班主任分析一下，阳阳的问题出在哪里。

89

★ 如果你是阳阳的好朋友,你打算怎样帮助阳阳走出困境?

▶ AQ魔镜

　　你是自主料理学习,还是依赖他人呢?我们来测一测你的学习自主能力吧!下面的这些情况符不符合你?如果符合,在"是"一栏中打"√";如果不符合,在"否"一栏中打"√"。一定要诚实哦!

题项	是	否
1. 如果老师不布置作业,就自己看书或找习题做。		
2. 自己挑选一些与学习有关的书来读。		
3. 对于第二天要学习的内容,即使老师不要求,也会提前预习。		
4. 向同学请教难题时,希望他具体讲明怎么做,免得自己花时间去思考。		
5. 如果有父母或老师的监督,我会学得更好。		
6. 如果没有按时完成作业,会深深地责备自己。		
7. 自习课上,希望老师不要具体规定学什么。		
8. 完成老师布置的作业后,还会给自己找一些习题做。		
9. 自己制定学习时间表。		
10. 在家里做作业时,恰好有同学约自己出去玩,仍会坚持做作业。		
11. 觉得所学的知识对自己很重要。		
12. 取得好成绩时,如果老师或父母不表扬自己,就会感到失望。		
13. 常常想有人帮我做作业就好了。		
14. 上课听不明白就算了。		
15. 觉得自己学什么需要老师给指定。		
16. 一门课成绩下降了,自己马上会分析原因。		
17. 注意观察别人的学习方法。		
18. 如果老师不提醒,会忘记预习新课。		

评分方法:第4、5、12、13、14、15、18题,选"否"得1分,选"是"得0分;其他题目选"是"得1分,选"否"得0分。分数越高,学习自主性越强。

你的分数是:＿＿＿＿＿＿＿＿＿＿＿＿＿＿。

▶ AQ悦读

春秋战国时代,一位父亲和他的儿子出征。父亲已做了将军,儿子还只是马前卒。一阵号角吹响,战鼓雷鸣,父亲庄严地托起一个箭囊,其中插着一支箭。父亲郑重对儿子说:"这是家袭宝箭,佩带身边,力量无穷,但千万不可抽出来。"那是一个极其精美的箭囊,厚牛皮打制,镶着幽幽泛光的铜边儿。再看露出的箭尾,一眼便能认出是用上等的孔雀羽毛制作的。

儿子喜上眉梢,贪婪地推想箭杆、箭头的模样,耳旁"嗖嗖"的箭声掠过,敌方的主帅应声倒地。佩带宝箭的儿子英勇非凡,所向披靡。当鸣金收兵的号角吹响时,儿子再也禁不住得胜的傲气,完全忘记了父亲的叮嘱,强烈的欲望驱使他'呼'一声拔出宝箭,试图看个究竟。骤然间他惊呆了,一支断箭,箭囊里竟然装着一支折断的箭。

"我一直挎着一支断箭在打仗!"儿子吓出了一身冷汗,仿佛顷刻间失去支柱的房子,意志轰然坍塌。

结果不言自明,儿子惨死于乱军之中。

拂开蒙蒙的硝烟,父亲捡起那柄断箭,沉重地说了一句:"不相信自己的意志,永远也做不成将军。"

▶ AQ启迪

把胜败寄托在一支宝箭上,多么愚蠢,而当一个人把生命的核心依附于别人,又多么危险!亲爱的同学,你将来想靠什么过上自己想要的生活呢?

曾有一项研究发现，哪怕你在某一领域很有学问，也不管你的专业知识有多充足，如果不再继续学习，5年之后就会进入"知识半衰期"，而你将面临出局。亲，我们已经进入了终身学习的时代，你不主动，没人替你积极。如果没有主动学习的意识和能力，将来你会沦落成被动等待命令的人，只能做一些简单重复的工作。我们是生活在广阔天地中的小树，而不是只能依附大树才能成长的藤蔓。现在就请你学会汲取知识的养分，为未来长成参天大树做准备。如何提高自己的自主学习能力呢？下面有几点建议供君参考：

1. 找到学习对你的意义。找一张白纸，对半折叠再打开，一半写上"学习"，另一半写上"未来"，请你慎重地想一想它们的关系，你也可以跟你的小伙伴讨论一下。注意：这里的学习，不仅是知识的储备，还有各种能力的增长，只要在有益于你未来的事情上有进步就是学习。找到了学习对你的价值，你在思想上才会重视它。

2. 逼自己学习，锻炼你的自控力。电视里放着自己喜欢的偶像剧时，谁不想看啊？谁不想躺在空调底下睡大觉啊？但是亲，这些除了让你享受一时外，能带给你什么？把这些娱乐的时间花在能带给你未来的事情上，逼着自己去学习，将来才能拥有你想要的生活，人生总是先苦后甜。逼自己学习，你会获得更多知识，也可以锻炼自控能力，但是你放纵自己玩乐，你丢失的不仅是积极的心态，更是你想要的未来。亲爱的，有些事你不想做但是必须做，这就是责任，你一定不是一个毫无责任感的人吧？

3. 要有苦中作乐的精神。学习不会总是快乐的，学习有解题之后的爽，也有解不出来的酸；有努力之后的收获，也有努力而不得的痛楚……无论怎样，面对学习我们要有这样的态度：学习虐我千百遍，我待学习如初恋。聪明的你要学会苦中作乐，题解不出来，我先听首喜欢的歌找找灵感；总是达不到自己定的目标，定个低点的，让自己好好享受成功的喜悦吧；这次考了好成绩，给自己一个奖励吧……

4. 制定学习计划，严格执行。时间老人是公平的，每人每天24小时。除去睡觉8个小时、上课时间8个小时、吃喝拉撒赶车休息3个小时、作业2—3个小时，还剩下2—3个小时的时间，你都做了怎样的安排？对这些时间的管理可以看出一个人有没有自主学习的能力，也决定着你的未来。若想利用好这些时间，那就每天给自己制定一个计划，记住是每天，最重要的是制定了就一定要执行，否则就不要制定。

▶ **AQ出发**

活动一：未来你的样子

闭上眼睛，深呼吸，让自己平静下来，想一想10年之后你在做什么。然后以"10年之后的我"为主题画一幅画（也可以是多幅）。注意：不考验画工，只关注你的主题。

活动二：我发誓要完成

　　跟你的小组同学一起每天早上制定一天的学习计划，让同伴鉴定可行性后签上你的名字，请同伴监督每天一定要完成，否则请同伴处罚。完成1天就给自己积1分，连续坚持至少21天（注意是"连续"，如果在这期间有1天未完成的话，前面的积分清零，重新开始），跟你的小伙伴们比一比谁最先达到连续21天坚持完成当天学习计划的目标。

海滨夜话

◎汪国真

海风
推开窗户
月光
悄悄踱进房屋
走近窗口
眺望的你呵
为什么
掬起晶莹的泪珠

是世界太小
盛不下你的心酸
是世界太大
寻不着你的道路
潮汐不知疲倦地拍打堤岸
远方，历经沧桑的小岛
会对你说
逆境，不是痛苦
顺境，不是幸福

走向银色的沙滩
让思绪在夜色里漫舞
把心事全部抛给大海吧
要倾诉
你就热烈地倾诉

第8单元

牵手智商

单元看点

>> 厦门大学自主招生考题出新。
>> 圆周率是训练记忆力的好教材。

知本聚焦

>> 智商（Intelligence Quotient，IQ）即智力商数，是个人智力水平的数量化指标。智力表现为多个方面，如观察力、注意力、记忆力、思维力、想象力、分析判断力、应变能力等。
>> 思维是智力的核心，成功赢在思维。
>> 记忆是一切智力活动的基础，记忆是有窍门的。

我行我塑

>> 在设计广告语活动中，让创意飞扬。
>> 在圆周率小数点后一百位趣味记忆训练中，把无穷的记忆潜力转化为高超的现实记忆力。

一只猫和一台冰箱有哪些相似之处?

——智商·思维力

> 不下决心培养思考习惯的人，便失去了生活中最大的乐趣。
>
> ——爱迪生

▶ IQ情境

又到一年一度的"创新科技节"，实验中学开展的科技活动丰富多彩. 科技创新小论文、小创作、小发明、航空模型、建筑模型、电子模型、科幻绘画、小课题作品竞赛等活动项目应有尽有。

这些活动深深地吸引住了同学们的眼球。阳阳、春春、青青这三个小伙伴本来都对发明创造特别感兴趣，现在更是跃跃欲试，但是总创造不出好的作品来。

▶ IQ魔镜

你的创造力如何?

你不妨自测一下，你符合A、B、C中哪一种答案就请选择哪一种答案。

测试题:

1.与别人发生意见分歧时，你是（　　　）

A.冷静地从多方面进行考虑

B.立即作出结论付诸行动

C.不理睬对方

2.对老师、领导和长者的意见，你是（　　　）

A.同自己原先的想法结合起来

B.有些疑问和想法

C.原封不动地接受

3.你买东西回来后（　　　）

A.常稍作改变后再使用

B.总是直接使用

C.将东西闲置

4.工作学习有困难时，你是（　　　）

A.冥思苦索

B.请教别人

C.放弃初衷

5.平时你喜欢（　　　）

A.下围棋、下象棋

B.看侦探小说、惊险影片

C.看滑稽有趣的闹剧，同别人聊天

6.休息天上公园你喜欢（　　　）

A.经常变换场所

B.听听家人的意见

C.总是上某个公园

7.你对智力游戏（　　　）

A.很喜欢

B.无所谓

C.不喜欢

8.针对眼前的某件东西（例如茶杯）你能想出它的几个用途？（　　　）

A.15个以上

B.8个以上

C.3个以上

9.当有人向你提出没有用的建议时，你是（　　　）

A.问他还有没有别的建议，鼓励他多提

B.看看还有没有可取之处

C.不予理睬

10.刷牙时发现牙出血，你是（ 　　 ）

A.设法使牙不出血

B.担心是牙周炎

C.怨牙刷不好

评分标准：

A、B、C分别为3分、2分、1分，累计为总分。

诊断结果：

得分低于10分，创造力差；得分10—15分，创造力比较差；得分16—20分，创造力比较好；得分21—30分，创造力很好。

▶ IQ悦读

（一）厦大自主招生考题出新奇：冰箱和猫啥关系？

自主招生的招生对象一般要求是具有超常的创新和实践能力，或在文学、艺术、体育等方面有特殊才能，或综合素质名列前茅等。

厦门大学的考题有相当一部分着重考了考生的思维力，例如，问及厦门岛到鼓浪屿的渡轮，是涨潮时走的距离长，还是退潮时走的距离长？杯子和下水道的盖子为何多为圆形？赛马比赛，如果要比哪匹马走得慢，要如何比？

其中有一道考题极具轰动性。"电冰箱和猫有什么关系？"这道题在评委和学生中引起强烈反响。抽到题目的考生非常兴奋，意犹未尽地阐述猫和冰箱之间的一个又一个关系，譬如说，都需要能量（当然，能量种类不同），"肚子"里都要装东西等等。

有教育专家从哲学角度找出冰箱与猫的十个相似或相同点：

1.客观存在。

2.人们对它们的认识都是客观存在在人脑中的反映。

3.人们对其产生的认识始终在发展进步。

4.有使用价值。

5.有其自身的矛盾特殊性，又与其同类有共同的矛盾普遍性。

6.在客观世界中不是静止不动的，始终在运动、发展、变化。

7.自身内部的矛盾推动它的发展。

8.目前的外形与特质经过长期改进或演化到现在，是偶然性与必然性的统一。

9.人们按照自己的意志，通过实践对其改造。

10.人们通过实践、改造，才能进一步提高对它们的认识。

"电冰箱和猫有什么关系？"没有唯一答案，考查的是个人的自我主张、知识积累、思维表达能力等。

（二）标新立异："白加黑"一炮打响

新产品问世，没有"新"、"异"之处，是绝不可能一炮打响的。

在改革开放三十多年来涌现出的一大批本土品牌、尤其是药品品牌中，"白加黑"无疑是一个经典的案例。

"白加黑"这个极富创意的名称再加上简洁明快的电视广告"白天吃白片不瞌睡，晚上吃黑片睡得香"，许多消费者对"白加黑"的震撼上市依旧记忆犹新。

"白加黑"区别于已有的感冒药的"新"、"异"之处显著而突出。在药品的内涵方面，它针对一般感冒患者的普遍反映：服用感冒药后容易打瞌睡，影响工作和学习。制成两种成分不同的药片：一种不加起催眠作用的扑尔敏；另一种则加重药物的催眠作用。在外形方面，也是分黑白颜色。

"白加黑"的成功其实是标新立异思维法的成功。

▶ IQ博士

思维是智力的核心，成功赢在思维，恩格斯曾把思维誉为"地球上最美丽的花朵"。

良好的思维力包括以下几个方面：

思维的广阔性。有人称之为立体思维。英国医学家、生理学家哈维，也把自然界的循环与血液的循环相联系进行综合考虑，才提出血液在体内也是循环往复的大胆设想，最后用解剖和实验作了证明。

思维的深刻性。善于从多方面和多种联系中去理解事物。马克思从商品入手，研究了货币、资本、剩余价值，利润、利息、地租。最终马克思把整个资本主义社会中各个阶级的关系展示在我们面前。

思维的独创性。卢瑟福是一个独创度很高的物理学家，他是著名物理学家汤姆逊的学生，但他不迷信、不盲从，大胆地对他的导师汤姆逊提出的原子理论给予怀疑，在反复进行了粒子实验后，他提出了原子模型理论。

思维的流畅性。这是思维品质在量上的特征。享有"发明大王"美名的爱迪生，他的思维流畅度是高得惊人。

思维的灵活性。又称思维的变通性，指人们善于组织多方面的知识、事实，根据事物发展的变化的具体情况，随机应变，及时提出各种不同的思想、假设、办法和方案。

思维的敏捷性。是指能迅速地对外界刺激物作出反应。郭沫若曾形容周恩来总理思考问题"似雷电行空，如水银漫地"。这就是思维敏捷性的真实写照。

思维的逻辑性。表现为一个人的思维过程服从严格的逻辑规则，做到前后呼应、清晰透彻、有条不紊。

▶ IQ出发

活动一：请你设计广告语

"PPA事件"，使康泰克这个当年感冒药市场领头羊遭受重创。面对感冒药最大的竞争对手突然消失，刚刚创立起品牌的"白加黑"没有被"突如其来的幸福"冲昏头脑，而是冷静地实施着周密的营销计划。

公关方面，组织医学专家召开座谈会，并通过全国媒体向消费者传达出"不含PPA的感冒药依然可以放心服用"的信息，极大地稳定了人心，维护了感冒药的市场容量；广告方面，明确声明"白加黑不含PPA"，是消费者放心的选择……功夫不负有心人，"白加黑"在感冒药"后PPA时代"的竞争中遥遥领先。

以广告创意为例，"白加黑"在不同的市场环境和品牌发展阶段不断推陈出新，推出了一个又一个富有创意而风格隽永的广告片：

1.上市之初，一身黑衣的白领丽人精力充沛的工作场景与身着白色宇航服的男性宇航员在失重环境下安然入睡的画面巧妙地反映出产品"黑白分明"的特点和白天不瞌睡的产品特性，为产品上市后迅速占领高端市场发挥了极大的作用。

请你设计广告语：＿＿＿＿＿＿＿＿＿＿＿＿＿＿＿＿

2.由外籍演职人员担纲的"赛艇篇"广告，精美的画面和宏大的气势提升了"白加黑"的品牌形象，帮助"白加黑"在"后PPA时代"的激烈竞争中脱颖而出。

请你设计广告语：＿＿＿＿＿＿＿＿＿＿＿＿＿＿＿＿

3."白加黑"起用了风头正劲的网络歌手雪村及其流行一时的歌曲《东北人都是活雷锋》中"翠花，上酸菜"曲调，轻松诙谐的广告风格和片尾那句极富东北风味的广告语迅速在消费者中流传，拉近了品牌与年轻、时尚消费者的心理距离。

请你设计广告语：＿＿＿＿＿＿＿＿＿＿＿＿＿＿＿＿

4.为了增加品牌对于年龄偏大一些的更广泛的销售人群的好感度，香港凤凰卫视著名主播吴小莉又进入了"白加黑"的广告片，她沉稳、端庄的气质准确地演绎出'白加黑'的品牌诉求，进一步提高了消费者的品牌忠诚度。

请你设计广告语：＿＿＿＿＿＿＿＿＿＿＿＿＿＿＿＿＿＿＿＿＿＿＿＿＿

活动二：量杯问题

用三个量杯，如何最简便地兑出所指定的水量：

问题	量杯A	量杯B	量杯C	兑出水量	采月公式
1	21	127	3	100	B-A-2C
2	14	163	25	99	
3	18	43	10	5	
4	9	42	6	21	
5	20	59	4	31	
6	15	39	3	18	
7	18	48	4	22	
8	23	49	3	20	
9	14	36	8	6	

▶ 优IQ加油站

格言

我们自己就是待燃的火把，勇敢地去发掘这股可以创造人生奇迹的力量吧，借助积极思考的力量，你将发现一种全新的思考与生活方式。相信奇迹，你就能创造人生奇迹。

——诺曼·文森特·皮尔

我能拥有超强记忆吗？

——智商·记忆力

好的记忆力不是天生的，是通过后天努力得到的，普通人大脑的记忆潜力无穷，扎扎实实地学习一些记忆方法，无穷的记忆潜力可以转化为极高的现实记忆力。

——钟道隆

▶ IQ情境

进入初中之后，需要背诵的内容很多，让阳阳、春春、青青这三个小伙伴都很头疼。阳阳最头疼的是记古文，读了一遍又一遍，还是记不住。春春最头疼的是记单词，那一个又一个单词接踵而至，要一遍又一遍在纸上反复写，才能记住。青青最头疼的是记人名，那一个又一个奇奇怪怪的名字，怎么记，都记不住几个。

让三个小伙伴最烦恼的是，好不容易背下来的知识，考试时却想不起来了，偶尔想起来了吧，却又写不对。

▶ IQ魔镜

记忆力水平测试：

1.记忆下面的数字30秒，然后合上书，将其正确地书写下来。

7 4 3 7 1 1 3 5 6

2. 记忆下面的名字30秒，然后遮住它们并将其正确地书写下来。

乔丹，杰克逊，伊丽莎白，奥巴马，安德烈，大仲马，乔布斯

3. 你有30秒时间记忆这个随机设置的密码，然后合上书，把它写下来。

Jaw34XL**opt314

4. 记忆下面的数字30秒，然后将它们背出来，看你能背到多少位。

65847325836610493278

5. 记忆下面的演讲内容1分钟，然后合上书，并把它们叙述出来。

要最大限度地减轻和防止沙尘暴灾害损失，就必须做好以下4个方面的工作：

（1）完善和改进沙尘暴的监测手段，将沙尘暴灾害造成的损失降到最低。

（2）加大绿化生态环境建设。

（3）建立适宜的企业产业结构，合理利用资源。

（4）提高整个社会的环境保护意识。

每题3分。全对得3分；基本正确，但是细节处有错误得2分；只答对了一小部分得1分；完全没有答出来得0分。

13—15分：你的记忆力非常强大，真棒！

10—12分：你的记忆力很强大，但是可以继续尝试更加精确地记忆。

7—9分：你的记忆水平不错，但是如果能运用新的记忆方法，你会收获良多。

4—6分：你有良好的记忆基础，但是要继续提升记忆力。

0—3分：也许你还在苦苦挣扎，但是要保持积极乐观的态度，努力提升记忆的水平。

▶ IQ悦读

圆周率是训练记忆力的好教材

电话号码、证件号、车牌号等各种各样的数字都可作为锻炼记忆力的对象，其中以圆周率最好，因为它是一个无理数，小数点后面无限不循环，因而圆周率是训练记忆力的好教材。

一、锻炼大脑

记忆圆周率对于锻炼大脑的作用很像体育锻炼对于身体各部分机能的发育和健康的作用。不断地背记数百位、数千位圆周率值，并不只是简单的机械记忆，需要动脑子寻找记忆窍门，所以有助于脑力的发展和保持。

经常锻炼身体的人即使到了老年动作也不迟钝，经常锻炼大脑的人到了老年仍能保持比较好的智力，许多年事很高的脑力劳动者思路清楚的原因就在这里。我国著名科学家茅以升，年幼上学时通过刻苦努力，能背诵圆周率小数点后面100位数字，一次在新年同乐晚会上，他当众精确背出圆

周率值一百位，使同学们惊讶不已。此后他常年坚持，把背诵圆周率100位作为脑子锻炼的一项活动，所以即使到了晚年，他仍能背出圆周率值一百位，由于他深感背诵圆周率对锻炼脑子有好处，所以也要求子女背诵圆周率100位。

二、养成背诵的习惯

背记数百位、数千位的圆周率的数值，是要下一番功夫的，不是一日之功，背诵多了，就会自然而然地形成一种背诵的习惯。

三、学会或自己创造一些记忆数字的方法

要记忆上百位、上千位的无理数，完全靠机械记忆是不容易的，在记忆过程中，自觉不自觉地要用一些记忆数字的方法，而且很可能找到一些自己独创的方法。这种运用和创造记忆方法的能力是有普遍意义的，是脱离圆周率而存在的，会在记忆别的内容时表现出来。所以，从这个意义上讲，即使具体的数字忘记了，但学会的方法和锻炼出来的能力并没有消失，会融入自己的总体知识和能力之中。

四、提高对于数字的敏感性

背诵一段时间圆周率以后，自然而然地会对数字有比较高的敏感性，见到数字就想记忆。如路遇汽车就想记车牌号，看到或听到广告节目中的电话号码就想记忆等。

五、增强了记忆数字的自信心

自信心强了，记得快、记得牢。在学习过程中，之所以要订出背几百、上千位的目标就是为了证明自己记忆上的潜力。记住上百位圆周率以后，再去记忆只有十几位和几位的电话号码一类的数字，觉得容易得很；记住上千位以后，背100位就会觉得轻而易举。

总而言之，人的记忆不是天生的，而是后天可学的，记忆是有窍门的。

▶ IQ博士

（一）艾宾浩斯遗忘曲线

德国心理学家艾宾浩斯研究发现，遗忘在学习之后立即开始，而且遗忘的进程并不是均匀的。最初遗忘速度很快，以后逐渐缓慢。他认为"保持和遗忘是时间的函数"，并根据他的实验结果绘成描述遗忘进程的曲线，即著名的艾宾浩斯记忆遗忘曲线。

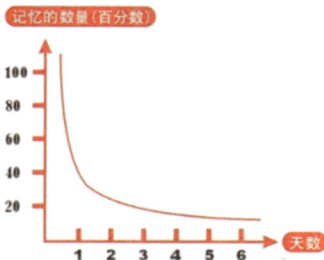

这条曲线告诉人们在学习中的遗忘是有规律的，遗忘的进程很快，并且先快后慢。观察曲线，你会发现，学得的知识在一天后，如不抓紧复习，就只剩下原来的25%。随着时间的推移，遗忘的速度减慢，遗忘的数量也就减少。有人做过一个实验，两组学生学习一段课文，甲组在学习后不复习，一天后记忆率36%，一周后只剩13%。乙组按艾宾浩斯记忆规律复习，一天后保持记忆率98%，一周后保持86%，乙组的记忆率明显高于甲组。

（二）增强记忆力的方法

1.集中注意力。

俄国教育家乌申斯基认为"注意是儿童智力开发的门户"，只有打开注意力的这扇门，智慧的阳光才能撒满心田。集中注意力就是要把记忆某一项内容当作一件事情非常专注来做，这样分心少了，干扰因素少了，就容易记住。不集中注意力，再聪明的人也不一定能记住很多内容。很多人"记忆力差"就是没有用心去记。比如每天上下楼梯，走了很多遍也不知道有多少级，就是这个原因。麻省理工学院研究小组的研究表明，一种叫作星形胶质细胞的神经支持细胞在记忆能力中扮演着重要的角色。科学家们发现当人们将注意力集中在某些事物上时，星形胶质细胞将向视觉皮质中的神经元传递更多的信号。可见集中注意力能提高记忆力是有科学道理的。甚至可以这样描述：注意力＝记忆力。

2.联想记忆。

一些心理学家认为：记忆的最基本规律就是把需要记住的内容与已经记住的内容联想起来。美国著名的记忆术专家哈利·洛雷因说："记忆的基本法则是把新的信息联想于已知事物。"联想记忆可分为以下几种：①接近联想；②相似联想；③对比联想；④归类联想；⑤因果联想；⑥创新联想。

3.挖掘记忆材料中信息的特征。

马克思出生于1818年，鲁迅出生于1881年，五四运动发生在1919年，这些年代具有一定的特征，抓住这些信息特征将大大提高我们的记忆效果。

4.多个感官并用。

外界信息通过人的眼、耳、鼻、舌、身这五种感官传递至人脑里，形成视觉记忆、听觉记忆和运动记忆等不同类型的记忆，各有特点，我们在记忆各种事物过程中要多种感官并用，不可偏废。心理学家的实验表明，单靠听觉，一次只能记住15%左右，单靠视觉，一次只能记住25%左右，同时使用听觉、视觉就可以记住60%左右，如果记忆时能同时做到眼到、口到、耳到和手到，记忆效果会更好。

▶ IQ出发

活动一：请你再来做——记忆力水平测试

记忆下面的演讲内容1分钟，然后合上书，并把它们叙述出来。

要最大限度地减轻和防止沙尘暴灾害损失，就必须做好以下4个方面的工作：

（1）完善和改进沙尘暴的监测手段，将沙尘暴灾害造成的损失降低到最低。

（2）加大绿化生态环境建设。

（3）建立适宜的企业产业结构，合理利用资源。

（4）提高整个社会的环境保护意识。

窍门：建议使用身体系统记忆，将4个要点跟身体的4个部位结合起来：我把眼睛想象成监测机器，头发想象成绿色植被，鼻子想象成空气资源，嘴巴作为宣传工具——喇叭，向整个社会宣传环保意识。这样一来，就可以把枯燥的内容记下来了。

活动二：圆周率小数点后一百位趣味记忆训练

钟道隆教授在其著作《记忆的窍门》中，将圆周率小数点后前一百位编成了顺口溜，想象一个酒鬼在山寺中狂饮，醉"死"在山沟，他父亲得知后的感想和到山沟里三番五次寻找儿子、最后将儿子救活的情景：

3.1415926535897932384626433 83279

山巅一寺一壶酒。儿乐："我三壶不够吃。""酒杀尔"，杀不死，乐而乐，死了算罢了，儿弃沟。

502884197169399

吾疼儿："白白死已够凄矣，留给山沟沟。"

375105820974944

山拐我腰痛，我怕你冻久，凄事久思思。

59230781640628620899

吾救儿，山洞拐，不宜留。四邻乐，儿不乐，儿疼爸久久。

86280348253421170679

爸乐儿不懂，"三思吧！"儿悟，三思而依依，妻等乐其久。

▶ 优IQ加油站

格言

一切知识的获得是记忆。记忆是一切智力活动的基础。

——英国哲学家 培根

锻炼记忆力的良好方法就是锻炼自己的注意力。

——美国教育家 爱德华兹

第9单元

牵手财商

单元看点

>> 迈克尔·戴尔曾被《财富》杂志评为40岁以下的世界首富，他的成功有什么秘密？

>> 美国15岁少女薇洛·图法诺半年时间置下两处房产，她的钱是从哪儿来的？

知本聚焦

>> 财商（Financial Quotient，FQ）是测算一个人能留住多少钱以及能让这些钱为他工作多久的指标。财商由财商观念、财商知识、财商经验等组成。

>> 富人对金钱的认识比常人更全面、更深刻。在常人眼里，金钱是静态的、没有生命的东西；在富人眼里，金钱是有生命的、运动的种子。

我行我塑

>> 阅读《富爸爸，穷爸爸》，向家里的"负财商"说不。

>> 一元钱，你能做什么？创意地想一想吧。

向富人学习

——财商·财富与财商

> 穷人不能只是慨叹命运的不济。穷人只有站在富人堆里，汲取他们致富的思想，掌握他们成功的心态，才能真正实现致富的目标。
>
> ——手岛佑郎

▶ FQ情境

全球第二大个人电脑制造和行销商戴尔公司总裁迈克尔·戴尔曾被《财富》杂志评为40岁以下的世界首富。他在自传中说，自己关于金钱运动规律和创业的知识是在家庭中学来的。在家里的餐桌上，经常讨论的是联邦储备委员会主席的决定，以及这对经济和通货膨胀率会产生什么影响，讨论石油危机、应该投资哪些公司、该买入或该卖出哪些股票等问题。一次，在餐桌上讨论邮票价值正一路攀升，小戴尔将此视为一次机会，做了拍卖邮票的中间人，出乎意料地赚了2000美元。那时他才12岁。

同学们，你喜欢和家人或别人讨论经济问题、讨论理财问题吗？你希望培养这方面的兴趣吗？

▶ FQ魔镜

同学，请如实回答下面题目，判断你的财商如何。

1.是否觉得需要一个人来告诉你该怎么花钱？

A.是   B.不是   C.不知道

2.当手中有100元钱的时候，是否为这100元去做过什么详细的计划？

A.是   B.不是   C.偶尔

3.与父母一起上饭馆时，是否想过要自己埋单？

A.是   B.不是   C.偶尔

4.上小学时是否去推销过糖果或参加其他类似的活动？

A.是   B.不是   C.偶尔

5.有没有想过父母的钱是怎么来的？

A.是   B.不是   C.偶尔

6.是否有过向父母借钱的想法？

A.是   B.不是   C.偶尔

7.有没有自愿地给希望工程捐过款（或其他捐款活动)？

A.是   B.不是   C.偶尔

8.如果口袋里有10元钱，你一般会在多长时间里花掉？

A.一个星期   B.三天   C.一天

9.春节所得的压岁钱，你通常是怎么处理的？

A.存银行里   B.立即花掉   C.花掉一部分

10.通常情况下你会自愿地参加家务劳动吗？

A.是   B.不是   C.偶尔

计分办法：

选A得3分，选B得2分，选C得1分。

得分分析：

25—30分

已经有较多的理财基本知识，具有一定的理财观念，有一定的实践经历。了解钱的产生过程，懂得花钱的计划性。知道储蓄的必要性，有一些服务的基本观念。

16—24分

对理财不是一无所知，但懂得不多。有一些实践经历，但体会不深。知道钱是靠工作挣来的，花钱偶尔有一定的计划性。有比较深入地学习理财知识。

10—15分

不明白钱从何处来，也不知道钱的价值。盲目花钱，无计划性。无理财实践经历，理财知识非常缺乏，急需加强这方面的教育。

▶ FQ悦读

只有站在富人的行列里，才有可能成为富人

要想成为富人，我们应该牢记这样一个事实，即"富人永远不会变穷"。因为，富人是在贫富不均的基础上产生的，富人永远属于富人的群体，穷人则永远脱离不了穷人的圈子。

某些人有时却能够越过富人和穷人之间的巨大障碍。他们或许从外表看去更像穷人，但却一副富人做派，即使排在富人之尾也在所不辞。

有时候，位列富人之尾比起作穷人之首可能更不像富人。但他们仍愿进富人之列，因为这样他们就能够以富人的方式思考问题，而排在穷人之首则永远无法摆脱穷人的思维方式。

犹太人中富人众多，实际上就是由于他们有富人的思维方式。这不是什么实用技术，而是一种处世哲学。

要想成为富人，首先要做的是布施。

要乐于帮助比自己更困难的人。帮助他人，自己的胸怀也会极大地丰富、开阔。只有心胸开阔的人，大家才会喜欢他，愿意接近他，他也就有了好的人缘。有了人缘，自己就会赢得许多商机。要想成为别人的"富神"，自己的心胸一定要开阔。只有贪欲的人，是不可能做成大事的。

施惠与他人，并不一定都要给钱。即使粗茶淡饭，只要能给他人带来帮助也是可行的。犹太人有这样一句格言："向陌生人施惠即是向天使施惠。"因此犹太人只要看到比自己困难的人，就会把他们请到家里让他饱饱地吃上一顿。因为他们熟知这有可能成为照亮未来的希望之光。

阅读上面的短文，你赞成文章的观点吗？

▶ FQ博士

富人推动社会繁荣，社会繁荣让每一个人都受益。

中国正走向繁荣富强，将吸引更多有能力的人成为富人。向富人学习，培养自己的财商，是市场经济改革对我们每个人提出的时代要求。

一、什么是财富

富人必须拥有大量的财富。财富是什么呢？有人说，财富就是金钱。其实答案并不如此简单。只有金钱或者财产，不能算是财富。金钱加上驾驭金钱并使之增值的能力才是真正的财富。

既然财富是一种能力，那么，知识、尤其是理财知识就是一种财富，正确的观念也是一种财富，高尚的品质更是一种财富。

财富=IQ（智商）+EQ（情商）+FQ（财商）

智商低是傻子，情商低是疯子，财商低是叫花子。

二、什么是财商

"财商"一词是《富爸爸，穷爸爸》一书的作者罗伯特·清崎首先提出的。

罗伯特·清崎认为："财商与你挣了多少钱没关系，它是测算你能留住多少钱以及能让这些钱为你工作多久的指标。换句话说，如果随着年龄的增长，你的钱仍然不断地给你买来更多的自由、幸福、健康和人生选择的话，那么意味着你的财商在增加。"

培养财商的目的绝不是要成为拜金主义者，而是要正确认识金钱，掌握运用金钱运动的规律，去创造财富，使自己能够过上富足、自由的生活。

三、财商的组成部分

财商大致由三个部分组成：

1.财商观念

首先是要摒弃"贱商仇富"的传统观念。中国传统文化讲"学而优则仕"、"士农工商"，把做官作为人生的最高目标，鄙薄商人和商业，视金钱为"阿堵物"（指羞于提起的东西）。培养财商，首先必须抛弃这些落后的观念。

财商观念还包括金钱观、储蓄观、消费观、负债观、保障观、投资观等几个方面。

2.财商知识

财商知识包括市场经济知识、财务会计知识、投资知识（钱生钱的知识）、法律知识（经济法、商法）等。

3.财商经验

培养财商需要在积极的理财实践中不断丰富理财经验。

112

▶ FQ出发

活动一：警惕家里的"负财商"陷阱

看看你的家里是否存在以下"负财商"陷阱，如果有，你该如何劝告父母？

"负财商"陷阱之一——回避谈钱。认为跟孩子谈钱是一件"俗事"，不少父母不愿意正面跟孩子谈钱的问题。

爸爸妈妈，请听我说：＿＿＿＿＿＿＿＿＿＿＿＿＿＿＿＿＿＿＿＿＿＿＿＿＿＿。

"负财商"陷阱之二——有求必应。有些父母对孩子的任何需求都来者不拒，过分"溺爱"，让孩子很容易形成"愿望必须瞬间得到满足"的即时满足心理。

爸爸妈妈，请听我说：＿＿＿＿＿＿＿＿＿＿＿＿＿＿＿＿＿＿＿＿＿＿＿＿＿＿。

"负财商"陷阱之三——家长在"私房钱"问题上的不诚实。调查发现，有三成的成年人会在钱的问题上对伴侣撒谎。

爸爸妈妈，请听我说：＿＿＿＿＿＿＿＿＿＿＿＿＿＿＿＿＿＿＿＿＿＿＿＿＿＿。

"负财商"陷阱之四——金钱面前分性别。有的家庭留给孩子一个不好的印象："爸爸是负责挣钱的，妈妈是负责花钱的。"

爸爸妈妈，请听我说：＿＿＿＿＿＿＿＿＿＿＿＿＿＿＿＿＿＿＿＿＿＿＿＿＿＿。

"负财商"陷阱之五——因钱而争吵。父母因为钱吵闹，会把"钱是一个坏东西"的观念深深根植于孩子心里。

爸爸妈妈，请听我说：＿＿＿＿＿＿＿＿＿＿＿＿＿＿＿＿＿＿＿＿＿＿＿＿＿＿。

同学们，或许你在面对这些陷阱时暂时还无能为力，不要紧，希望你好好学习财商课程，它会帮助你改变父母、改变自己的。

活动二：财商阅读

推荐图书：罗伯特·清崎著《富爸爸，穷爸爸》（你可以选择少儿彩图版哟）。

内容简介：清崎有两个爸爸："穷爸爸"是他的亲生父亲，一个高学历的教育官员；"富爸爸"是他好朋友的父亲，一个高中没毕业却善于投资理财的企业家。清崎遵从"穷爸爸"为他设计的人生道路：上大学，服兵役，参加越战，走过了平凡的人生初期。直到1977年，清崎亲眼目睹一生辛劳的"穷爸爸"失了业，"富爸爸"则成了夏威夷最富有的人之一。清崎毅然追寻"富爸爸"的脚步，踏入商界，从此登上了致富快车。清崎以亲身经历的财富故事，展示了"穷爸爸"和"富爸爸"截然不同的金钱观和财富观：穷人为钱工作，富人让钱为自己工作。

读书交流：阅读这本书后，在班上举办一个读书报告会，同学们可以谈谈阅读感悟，也可以质疑作者的某些观点。

下金蛋的鸡

◎拉封丹

贪婪的人什么都想要，却什么也得不到。
为了证明这一点，
就像寓言里所说的那样，
我来讲一讲那个人，他有着一只每天下一个金蛋的鸡，
他认为在鸡的肚子里藏着一个金库。
他就杀了它，剖开，
发现它和那种下普通蛋的鸡一个样，
就这样他亲手毁了自己最好的财产。

对贪得无厌的人来说这是多么好的教训。
近来我们常常见到
多少人一夜之间变成穷光蛋，
这都是因为他们急于大发横财。

李嘉诚救一元钱值吗?

—— 财商·正确的金钱观

> 金钱是忠实的男仆，也是恶毒的女主人。

—— 培根

▶ FQ情境

李嘉诚，商界泰斗，香港"超人"，是财富和成功的象征。2015年1月，《福布斯》全球富豪排行榜，李嘉诚以个人资产335亿美元，居世界华人首富。

有一次，李嘉诚从酒店出来，准备上车的时候，一枚硬币从他身上掉在了地上，硬币骨碌碌地向阴沟滚去，他便欠下身去追捡。旁边一位印度籍的保安见状，立即过来帮他拾起，然后交到他的手上。李嘉诚把硬币放进口袋后，再从钱夹里取出100元港币，递给保安作为酬谢。

同学们，一元钱是什么，值得李嘉诚为它弯腰?

一个中国老太太和一个美国老太太死后在天堂相遇。中国老太太抱怨："我从年轻时就开始攒钱买房子，一直到老才攒够，可房子买来没住多久，我就来这里了。"美国老太太听后，也抱怨道："我年轻时用分期付款的方式买了房子，以后就攒钱还债，一直到去年才还清。"

两位老太太的消费方式虽然不同，但对待金钱的认识却是相同的。请你谈谈，她们对金钱的认识有什么可取之处，还有什么不足。

美国最年轻房东

对大多数人而言，15岁或许只是学习、玩乐的年龄。美国少女薇洛·图法诺15岁却懂得投资房地产。她靠出售旧家具赚钱，半年时间置下两处房产。接着，她又把房子整修后出租，成为美国最年轻房东。

图法诺与家人住在佛罗里达州夏洛特港。从外表看，她和同龄人没什么两样，留着一头长发，穿休闲服，外出时喜欢溜着滑板车，是流行歌星嘎嘎小姐的"粉丝"。别看图法诺一脸青春稚气，她可是满脑子生意经。她7岁起就跟随当房产中介的母亲到处看房子，发现出租房屋内有不少遗弃的旧家具，便对这些家具动了心思。

一年前，图法诺开始了自己的创业之路。她征得屋主同意后，廉价回收旧家具再通过亿贝网(eBay)拍卖，后来逐渐发展到从跳蚤市场低价收购各种可以卖的物品再出售。

日积月累之下，图法诺存下一笔钱。加上向母亲借的6000美元，她以1.2万美元价格，标到一处金融危机时屋主抵押的房产，这处房屋在2005年房价处于高位时市值约10万美元。她把房屋略微整修后租给一对年轻夫妇，房租每月700美元。不过，图法诺并未就此满足。此后半年，她靠房租、卖家具兼做清洁工又存下一笔钱。这年9月，她花1.75万美元购得第二处房产，依旧整修后出租，月租金开价800美元。

钱是父母给的吗？钱只是拿来消费的吗？阅读了图法诺的故事，你对钱有了哪些新的认识？

★钱是_____。

★钱是_____。

★钱是_____。

★钱是_____。

▶ FQ博士

我们从小和钱打交道，每天离不开钱，但我们未必认识它。

一、金钱的历史

人类社会最初并没有金钱。金钱的出现，大致经过这几个阶段：

■ 原始社会初期，平均分配食物，不进行交换，没有金钱。

■ 家庭出现，私有制产生，第一次社会大分工——农牧分工，随之出现了以物换物的商品交换方式。

■ 第二次社会大分工——手工业从农业、畜牧业中分离出来，商品交换更加频繁、更加复杂，于是出现了金钱的最初形式，如贝壳等。

■ 第三次社会大分工——商人和商业的出现，金银逐渐成为固定的交换媒介，这也是金钱一词的由来。

■ 现代社会由中央银行发行纸币作为法定货币。货币只是一种代号。如果中央银行发行多了，这些货币就会贬值。

二、常人的金钱观

在常人眼里，金钱是静态的，没有生命的东西，它不会自己增加，也不会自己减少。金钱靠一点一点地攒，保存起来就不会变化。金钱的作用也跟衣服、食物没有区别，都是拿来消费的。

三、富人的金钱观

富人对金钱的认识更全面、更深刻。

■ 金钱是一种符号。它背后应该对应实实在在的东西，如果没有人生产出足够对应的东西，或者货币印多了，金钱就会贬值。所以，富人善于控制金钱，把它变成能够增值的投资。

■ 金钱是有生命的、运动的。金钱从一个人手中流到另一个人的手中，在流动中它会创造更大的价值。金钱就像种子一样，播撒在适宜的土壤里，就会生根发芽、茁壮成长并开花结果。

■ 金钱是一种语言。它可以被统计、被演算、被总结，它有自己的运动规律。谁掌握了金钱的运动规律，谁就能够控制金钱。

■ 金钱是一种思想。它是人类思想的产物，也更加青睐有思想的人。你的思想越是与众不同、越是适应时代的需要，你就能拥有越多的金钱。

■ 金钱是一种德行。它可以捐赠，进行慈善活动，帮助那些最需要帮助的人。

▶ FQ出发

活动一：创意地花钱

大年三十晚上，青青一家人围坐一起，其乐融融地包饺子。为了图个来年的好运气，他们在一些饺子里包上个干净的一元硬币，如果谁吃出了这枚硬币，就预示着他来年会有好运气。如果你是青青，恰好吃出了一枚硬币，请大胆地设想，你能用这一元钱做一件什么有意义的事情？

活动二：评一评歌曲《钞票》

有一首流行歌曲名叫《钞票》，歌词控诉了金钱的种种罪恶："是谁制造了钞票，你在世上称霸道""一张张钞票，一双双镣铐""有人为你卖儿卖女，有人为你去坐牢""钱呀，你是杀人不见血的刀"……同学们，学习本课以后，你对这些歌词的内容有什么新的看法？

金钱的根

◎安·兰德

你问过金钱的根源又是什么吗？金钱是交换的工具，如果没有了生产出来的商品和生产出商品的人，它就无法存在。人们如果希望彼此打交道，就必须用贸易的方式，用价值换取价值，金钱不过体现这个原则的物质形式罢了。金钱不是凭眼泪来向你索取产品的乞丐的工具，也不是巧取豪夺的抢夺者的工具。只有那些生产者才使金钱的存在成为可能。

当你为你的付出接受金钱作为报酬的时候，你这么做完全是基于信相言会用它换回其他人的劳动成果。赋予金钱价值的不是乞丐和掠夺者们。无论是海一样多的眼泪还是全世界所有的枪炮都不会把你皮夹子里的那些纸变成明天你要赖以度日的面包。那些原本应该是金子的纸，是你对生产者们的劳动表示尊敬的一种象征。你的皮夹子就表明了你希望在你周围的这个世界上，还有人们不会违背这个道义上的准则，它就是金钱的根。

第10单元

牵手灵商

单元看点

>> 苹果的设计为何自认"厚颜无耻"？

>> 90后小伙痴心发明，两获国际展览会金奖。

知本聚焦

>> 灵商（Spiritual Intelligence Quotient，SQ）是心灵智力，即灵感智商，就是对事物本质的灵感、顿悟能力和直觉思维能力。

>> 获取丰富的知识、培育丰富的情感世界和旺盛的创新能力，能够有力地促进灵商的培养。

>> 长期训练，灵感就会时时涌现。

我行我塑

>> 改变规则，变动情景，让你的创意无限。

>> 建立自己的"创意笔记本"，随时记录不经意间闪现的灵感。

牵手灵商　创意人生

—— 灵商·正确认识灵商

> 作出重大发明创造的年轻人，大多是敢于向千年不变的戒规、定律挑战的人，他们做出了大师们认为不可能的事情来，让世人大吃一惊。
>
> —— 费尔马

▶ SQ情境

　　人类力大不如牛、奔跑不如鹿、灵敏不如猫、嗅觉不及狗，但是凭借发达的大脑，成为主宰地球的"万物之灵"。如今，灵性早已成为社会生活中最引人关注的概念之一。与灵商相关的主要是右脑。人的大脑由左脑和右脑两部分组成，左脑侧重于抽象思维的表达模式，被称为"科学脑"；右脑侧重于直觉的形象思维模式，被称为"艺术脑"。右脑思维在认知方面的直觉思维能力、顿悟思维能力、形象识别能力、空间判断能力，以及对复杂关系的理解能力和情绪表达能力等方面，远远超过左脑，这正是确立"灵商"概念包容的丰富内涵的立论点。

▶ SQ魔镜

国际流行测试灵商的方法：一分钟感应神奇的凉风。

只需要三步骤，立即得到前所未有的体验：

第一步，可将左手放在大腿上，手心向上，右手按心脏在内心真诚地说三次："大自然母亲，我

是个纯粹的灵 。"

第二步，把右手放在前额处，在内心真诚地说："我原谅所有的人，所有的事，包括我自己。"

第三步，右手放在头顶最高的位置，用力按紧，然后顺时针方向按摩头皮。跟着在心里真心真意地说三次："大自然母亲，请让我得到自觉。"

然后不要思考，闭上眼睛入静一分钟，最后将手放在头顶上方，看看能否感应到大自然的生命能量。

你的感觉是：

1.头顶和双手手心能感觉到很强的凉风。（高灵商）

2.头顶和双手手心能感觉到明显的凉风。（较高灵商）

3.头顶和双手手心能感受到温热的风。（灵商普通）

4.头顶和双手手心没有感觉。（灵商低于正常）

▶ SQ悦读

伟大的"窃取"

苹果公司从不抄袭产品设计，只借鉴灵感。乔布斯自己都承认："我们从不为自己偷学伟大创意而惭愧，在窃取伟大灵感这方面，我们一直都是厚颜无耻的。"

30年来，苹果一直靠简洁而富有科技感的设计理念引领着科技产品的趋势，这种设计真的是坐着时光机从未来穿越而来的吗？No。从设计史的角度看，苹果的每一个设计都来自过去——只是一大堆模仿与创新的混合体。

乔布斯"窃取灵感"的例子很多。比如苹果电脑的电源适配器"MagSafe"，它是一块连接笔记本电源线的磁铁，人不小心绊到电源线上时，电源线可以安全地和电脑分离。这个设计来自于日本一款电饭煲的磁性闩锁。

苹果电脑那"独步天下"的图形桌面就是工业史上一桩影响巨大的"抢劫"。

1977年，Apple Ⅱ大获成功，但是，乔布斯并没有满足，不断推出新产品。但随后推出的Apple Ⅲ和Lisa都不像能够"在宇宙中留下印记的产品"。

偶然的机会，乔布斯两次参观施乐PARC研究中心。在第二次参观中，他多次让施乐向他展示全部核心技术。就这样，他亲眼见证了施乐图形界面可以支持的炫丽图像和字体效果。当时乔布斯觉得图形界面比DOS系统强大不止百倍，他"似乎看到了计算机行业的未来"。

随后上市的苹果Macintosh电脑模仿了施乐的图形界面，并取得了轰动效果。

当然，苹果对施乐的图形界面技术进行了巨大的改进和提升，比如简化了鼠标、实现窗口拖拽、完善了桌面概念。

有人说这是"工业史上最严重的抢劫"，苹果山寨了施乐领先世界PC市场十年的新技术。乔布斯偶尔也会承认这种说法，当然还是带着他一贯的骄傲语气："毕加索不是说过吗，'好的艺术家复制作品，伟大的艺术家窃取灵感'。在窃取伟大灵感这方面，我们一直都是厚颜无耻的。"

敏锐地察觉那些优秀的设计，寻找出思维对象的来龙去脉，并化为己用，这就是自认为"厚颜无耻"的苹果公司伟大的"窃取"。

▶ SQ博士

一、什么是灵商？

灵商（Spiritual Intelligence Quotient，简写成SQ）是心灵智力，即灵感智商，就是对事物本质的灵感、顿悟能力和直觉思维能力。实际上，灵商是指一种智力潜能，属于潜意识的能量范畴。灵商是20世纪90年代末期出现的一个新概念，在科学家相继提出智商和情商的概念后，英国人达纳·佐哈、伊恩·马歇尔夫妇提出了灵商的概念。

二、灵商的作用

量子力学之父普朗克认为，富有创造性的科学家必须具有鲜明的直觉想象力。无论是阿基米德从洗澡中获得灵感最终发现了浮力定律，牛顿从掉下的苹果中得到启发发现了万有引力定律，还是凯库勒关于蛇首尾相连的梦而导致苯环。又据现代科学手段测试得知，灵感、顿悟、直觉思维能量与抽象逻辑思维能量之比是100:1。说明产生创造性思维的能力有赖于灵感、顿悟、直觉的激发涌现。即使是具有高度抽象思维能力的哲学家要在自己领域有所突破，也需要将直觉顿悟与逻辑语言结合起来才能有成就。故此，称右脑是"创造脑"，这绝不是臆造。

其实，灵感智商并不是大科学家、大艺术家、大发明家的"专利"，一般人只要头脑正常都会

有的，只不过发挥的作用没有这些"家"们大罢了。平常讲，某人脑子很"灵光"，指的就是灵感思维，即顿悟性。为什么人往往在紧急关头，能急中生智、胸有成竹、随机应变？为什么有的人能过目不忘、过目成诵？东方智者素有"明心见性，顿悟成佛"的至理名言，指的就是"灵商"的作用。

三、灵商培养的主要途径

管理界有句名言："智力比知识更重要，素质比智力更重要，觉悟比素质更重要。""觉悟"就是意识、理念这个层面的内涵，就是对意义和价值的清醒体悟和把握，而这些都是灵商的主要内涵。开发灵商对于实现个体的全面发展，培养优秀人才，实现人际和谐具有重要意义。

（一）获取丰富的知识

丰富的知识是生理基础之外灵商得以存在和发挥效能的必要条件，个体应当努力学习尽可能丰富的知识。一般来说，个体主要有三种途径攫取知识：直接学习、间接学习、社会实践。

（二）培育丰富的感情世界

感情是知识和能力正常运行和高效发挥的"活水"，是人成其为人的重要标志。培育丰富的感情世界，主要应该提高个体的情商，而提高情商又应当从以下五个方面着手：认识自身情绪的能力；妥善管理情绪的能力；自我激励的能力；认识他人情绪的能力；人际关系的管理能力。

（三）培育旺盛的创新能力

灵商就是要具备创造性思维和创新能力。灵商理论认为，智商和情商不会对规则询问为什么，追诉意义和价值，只能在界限之内玩"有限的游戏"；而灵商则允许人类进行创造，改变规则，变动情景，允许与界限玩"无限的游戏"。因此，旺盛创造力的培育可以有力推动灵商的培养。

▶ SQ出发

活动一：训练你的创意

★ 刀+绳子=？

★ 自行车+气枪=？

★ 房子+车子=？

★ 毛笔+钢笔=？

★ 雨伞+背包=？

活动二：当小发明家

把我们的学习用具、清洁用具、生活用具、厨具等等改变它们的结构或者增加其他功能，或者把其他的功能移植过来等，让这种用具具有新的功能或比原来更节约成本、更环保等都可以成为你的发明。只要别人没有你就可以申请专利。

▶ 优SQ加油站

格言

智商衡量智力，决定我们学习的能力。情商衡量情绪，决定我们做人的成败。灵商衡量心灵，决定我们成就的大小。

——左哈

我也能找到灵感吗？

——灵商·收获灵感

> 天才是百分之一的灵感，百分之九十九的汗水。但那百分之一的灵感是最重要的，甚至比那百分之九十九的汗水都要重要。
>
> ——爱迪生

▶ SQ情境

青青小学时很聪明，学习虽不是很自觉，但在家长和老师的督促下，成绩总是名列班级前茅。课堂上老师提的问题，他总能脑中灵光一现，最先举手回答。考入初中后，他还是像小学一样地学习，甚至比以前更努力了，可他在课堂上再也找不到原来的灵感，成绩也不尽如人意了。于是他非常烦恼，认为自己没有灵感了。到了周末，他经常回到小学的教室，希望能找回原来的灵感，但……

请你回答：

1.你认为青青失去灵感有哪些原因？（可以自己补充）

A.这个学校不适合他。

B.老师的教法不适合他。

C.在这个学校，没有好朋友帮助他。

D.进入初中后成绩不是最优秀，他没了产生灵感的基础。

其他：_____

你的选择越多，说明你对外界要求的因素越多。

2.青青还能够找回灵感吗？为什么：

_____

▶ SQ魔镜

我也能找到丰富的灵感吗？ 是√ 有时 ⊙ 否×

请你对下面10道题作出最适合你的选择。

1.到了新的学校，你认为自己是这所学校里最优秀的学生之一吗？ ☐

2.在平时的学习中，你每天的知识都认真地落实了吗？ ☐

3.听老师讲课时，你想过自己如果站在讲台上会怎样讲吗？ ☐

4.课余，你在玩耍时会偶尔想到学习的事吗？ ☐

5.你有随身带纸和笔并做笔记的习惯吗？ ☐

6.你常和同学讨论学习和生活吗？ ☐

7.你喜欢看课外书，重视学习课外知识吗？ ☐

8.有老师在场时，你会紧张吗？ ☐

9.你喜欢换位思考吗？ ☐

10.你觉得鲁班发明锯是偶然吗？ ☐

评分规则：

凡是答案为"是"的，计2分；答案为"有时"的计1分；答案为"否"的十0分。

将各题的得分相加，你的总分为：_____。

你的得分越接近20，表明你产生灵感的可能性越大，你的灵商（SQ）越高。如果你的得分偏低，你就有必要按下面的策略认真进行训练了。

▶ SQ阅读

"中国最牛创客"张江杰

出生于1994年的湖南浏阳男孩张江杰，从小就是个不走寻常路的"怪"孩子。父母买给他玩的玩具，他总是因为"好奇心"而拆掉，后来，连家里上万元买的背投电视机，他都拆了好几台。而小学时他有一次接触了编程课程，从此一发不可收拾，天天缠着老师教，后来能和高中生同堂上课，也让妈妈看到了他的聪颖好学。

为了集中精力搞"烟花无线电子点火系统"发明，张江杰休学在家。那是一段昼伏夜出的日子，张江杰沉迷于创作中不能自拔。妈妈出门前为他准备好的午饭，到了下午下班回来，经常还是一动未动；到了半夜，张江杰做试验火光冲天，经常吓得妈妈从床上爬起来；若研究取得了进展，张江杰也不管三七二十一，喜不自胜地就去叫醒沉睡中的妈妈共同分享。

17岁那年，在同龄人循规蹈矩地高中毕业时，张江杰拿到了"烟花无线电子点火系统"的国家专利，也如愿以偿开了以自己名字命名的公司。18岁那年，他通过自主招生，踏入了湖南工业职院，成为一名大学生。

大学生活的多姿多彩，更让张江杰"灵感"不断，并孜孜以求。新闻里频现的校园暴力，让张江杰琢磨如何保护无辜的儿童；爷爷的腿脚不便，让他钻研如何更人性化地控制假肢；生活中接触到的聋哑人的交际困境，让他努力寻求聋哑人与正常人交流的便利渠道。在一颗痴心下，这些"具有自动报警功能的服装"、"脑电波控制假肢系统"、"哑语转换语音系统"等科技发明先后问世、让人脑洞大开。即使是在世界顶尖发明云集的巴黎国际发明展览会上，也是博够眼球、出尽风头。

2014、2015年，张江杰发明的"脑电波控制假肢系统"、"哑语转换语音系统"连续两年获得巴黎国际发明展览会的金奖，被誉为"中国最牛创客"。

成功的背后并不只是偶然的机遇。留意生活中不起眼的小事，勤于思考，就迸发丰富的灵感。若非多年积累的高超技艺，也就不会有之后大受追捧的灵感之作。

▶ SQ博士

老天对我们每个人都是公平的：每个人都有正常的大脑，健康的身体；每天都只有24小时；每个人的生命都是有限的。如果我们能够运用这有限的生命，获得无限的灵感，我们的生命就会永远洒满灵感的阳光。下面就让我们来学习获得灵感的三个策略：

策略一：学习知识，为灵感的产生打下坚实的基础

知识是创新的材料。没有必要的知识，就难以获得创新的灵感。

我们平时在学习中必须作好"三习"：

1.预习：上课前，先要根据老师的导学案，提前对第二天要讲的内容进行了解，自学，反复思考，把不明白的地方作好标记。

2.学习：上课时，认真把老师讲的与自己预习的相比较，思考其中不同的地方，并弄清楚产生差别的原因；对自己预习时不懂的地方更要用心，并想清楚自己预习时为什么没想到。

3.复习：上课后，每天对所学内容重温一遍，作一个小结；每周对所学内容作一个总结；每月对所学内容拉一个提纲。确保对所学内容心中有数。

策略二：善于运用知识——换个角度思考问题，触类旁通

常言道："穷则变，变则通。"当我们从常人思考问题的角度不能获得灵感时，不妨换角度思考问题，或者展开相关联想或相似联想、相对联想，力求做到触类旁通。长期训练，灵感就会时时涌现。

策略三：随身携带纸和笔，随时记录不经意间闪现的灵感

灵感之光如夜空的流星，一闪而逝，所以养成随身携带纸和笔，随时记录以捕捉稍纵即逝的灵感的好习惯。对记录的小灵感、小创意进行深入的研究，或许会获得重大的发现。

▶ SQ出发

活动一

收集并简述一个创造发明的名人故事，要求突出捕捉灵感的过程，解说其获得灵感的原因。

链接：世界上第一台蒸汽机是由古希腊数学家希罗于公元1世纪发明的气转球，但它只是个雏形。约1679年，法国物理学家丹尼斯·巴本在观察蒸汽冒出他的高压锅后制造了第一台蒸汽机的工作模型。1698年托马斯·塞维利、1712年托马斯·纽科门和1769年詹姆斯·瓦特改良出早期的工业蒸汽机。

纽科门的真空蒸汽机将蒸汽引入气缸后阀门被关闭，然后冷水被撒入汽缸，蒸汽凝结时造成真空。活塞另一面的空气压力推动活塞。瓦特对纽科门蒸汽机的巨大改善是将气缸与凝结缸通过一个阀门分开，提高了蒸汽机的效率。

1763年冬天，格拉斯哥大学把修理一台纽科门蒸汽机的任务交给了瓦特。在修理的过程中，瓦特深感它的不足。经过一番努力，瓦特发现了纽科门蒸汽机效率低的原因与解决方法：既然蒸汽具有压缩性，只要把汽缸和另一个容器相连接，让蒸汽接入其中，就不需一再冷却汽缸，浪费许多热量了。瓦特紧接着设计了一个与汽缸分离的冷凝器，并在汽缸外面加了绝热套，使汽缸保持在高温工作状态。

在蒸汽机技术的发展过程中，研究气体的欧洲科学家走在了前面。虽然瓦特没有上过正规的大学，但他得到了不少大学教师和朋友的帮助。进入格拉斯哥大学以后，瓦特结识了不少学者，接触了不少科学的仪器，他的知识领域大大丰富，他的眼界也大大开拓了。当他分析纽科门蒸汽机缺陷的时候，求教于格拉斯哥大学的布莱克教授。布莱克教授在当时最著名的发现是"潜热"理论，而对瓦特思想难题最大的理论启发，也正是来自潜热理论。

思考：瓦特获得灵感与哪些重要因素有关?

★ _____

★ _____

★ _____

活动二

建立自己的"创意笔记本"。创意笔记本是一种学习研究的日记本，记录学习研究活动中新的知识、新的体会、新的发现，可以包括学习内容、资料收集、创意实验、设计方案、设计反思等。

▶ 优SQ加油站

总结

在班上开展一次"创意大比拼"活动，请你讲述自己的一个最佳创意。

我的最佳创意

（有设计图的，粘贴在本页）

_____

_____

_____

创意解说：

_____

_____

_____